Mar absoluto e outros poemas

Cecília Meireles

Mar absoluto e outros poemas

Apresentação
João Adolfo Hansen

Coordenação Editorial
André Seffrin

© Condomínio dos Proprietários dos Direitos Intelectuais de Cecília Meireles
Direitos cedidos por Solombra – Agência Literária (solombra@solombra.com)
2ª Edição, Global Editora, São Paulo 2015
1ª Reimpressão, 2022

Jefferson L. Alves – diretor editorial
Gustavo Henrique Tuna – editor assistente
André Seffrin – coordenação editorial, estabelecimento de texto, cronologia e bibliografia
Flávio Samuel – gerente de produção
Flavia Baggio – preparação de texto
Deborah Stafussi – assistente editorial
Elisa Andrade Buzzo – revisão
Nicolle Bizelli – projeto gráfico

A Global Editora agradece à Solombra – Agência Literária pela gentil cessão dos direitos de imagem de Cecília Meireles.

CIP-BRASIL. CATALOGAÇÃO NA FONTE
SINDICATO NACIONAL DOS EDITORES DE LIVROS, RJ

M453m
2. ed.

    Meireles, Cecília, 1901-1964
    Mar absoluto e outros poemas / Cecília Meireles; coordenação André Seffrin; apresentação João Adolfo Hansen. – 2. ed. – São Paulo: Global, 2015.
    il.

    ISBN 978-85-260-2217-1

    1. Poesia brasileira. I. Seffrin, André. II. Hansen, João Adolfo. III. Título.

15-24003
                                             CDD: 869.91
                                             CDU: 821.134.3(81)-1

Obra atualizada conforme o
NOVO ACORDO ORTOGRÁFICO DA LÍNGUA PORTUGUESA

Global Editora e Distribuidora Ltda.
Rua Pirapitingui, 111 — Liberdade
CEP 01508-020 — São Paulo — SP
Tel.: (11) 3277-7999
e-mail: global@globaleditora.com.br

- globaleditora.com.br
- @globaleditora
- /globaleditora
- @globaleditora
- /globaleditora
- /globaleditora
- blog.grupoeditorialglobal.com.br

 Direitos reservados.
Colabore com a produção científica e cultural.
Proibida a reprodução total ou parcial desta obra sem a autorização do editor.

Nº de Catálogo: **3622**

Sumário

A vida reinventada – *João Adolfo Hansen* 13

Mar absoluto e outros poemas

Mar absoluto 23

Noturno 27

Contemplação.. 28

Prazo de vida 31

Autorretrato 32

Vigilância 35

Madrugada no campo 36

Compromisso 37

Sugestão 39

Museu 40

Minha sombra 41

Irrealidade 43

Romantismo... 45

Pastorzinho mexicano 46

1º motivo da rosa 47

Convite melancólico 48

Desejo de regresso 49

Distância 50

Este é o lenço 51

Canção 54

Caramujo do mar 55

Mulher adormecida 56

Suspiro 57

Prelúdio 58

Lamento da noiva do soldado 59

Instrumento 60

Epigrama 61

Por baixo dos largos fícus... 62

Os presentes dos mortos 63

2º motivo da rosa 64

Suave morta 65

O tempo no jardim 66

Diana 67

Beira-mar 68

Evelyn 69

Xadrez 70

Doce cantar 71

Poema a Antonio Machado 72

Realização da vida 73

Desapego 74

Baile vertical 75

Balada do soldado Batista 76

Vimos a lua 78

Cavalgada 79

Retrato obscuro 81

Pássaro azul 83

3º motivo da rosa 84

Transição 85

Romantismo 86

Saudade 87

Interpretação 88

O convalescente 89

Surpresa 90

Lamento da mãe órfã 91

Transformações 92

Caronte 93

Madrugada na aldeia 94

Leveza 95

Futuro 96

Noturno 97

Inibição 98

Blasfêmia 99

Carta 103

Desenho 104

4º motivo da rosa 105

Obsessão de Diana 106

Estátua 107

Amor-perfeito 109

Os mortos 110

Pedido 112

Noite no rio 113

Enterro de Isolina 114

Cantar saudoso 115

Mulher ao espelho 116

Sensitiva 117

Sobriedade 119

Simbad, o poeta 120

Transeunte 121

Domingo na praça 122

Aparecimento 123

Lamento do oficial por seu cavalo morto 124

Guerra 125

5º motivo da rosa 126

Inscrição 127

Viola 128

Natureza morta 129

Os homens gloriosos 130

Noite 131

Constância do deserto 133

Cantar guaiado 134

Canção 135

Evidência 136

Turismo 137

Trânsito 138

Miraclara desposada 139

Acalanto 141

Canção 142

Mudo-me breve 143

Nós e as sombras 144

Anjo da guarda 145

Dia de chuva 146

Campo 148

Voz do profeta exilado 149

Périplo 150

Os dias felizes

Os dias felizes 153

O jardim 154

O vento 156

Visita da chuva 157

Chuva na montanha 158

Surdina 159

Noite 160

Madrugada 161

As formigas 162

A menina e a estátua 163

Tapete 164

Pardal travesso 165

Joguinho na varanda 166

O aquário 167

Edite 169

Alvura 170

Jornal, longe 171

Elegia 1933-1937

1...175

2...176

3...177

4 178
5 179
6 180
7 181
8 183

Cronologia 187
Bibliografia básica sobre Cecília Meireles 193
Índice de primeiros versos 199

A vida reinventada

> Deus te proteja, Cecília,
> que tudo é mar – e mais nada.[1]

Cecília Meireles publicou *Mar absoluto* em 1945. O título não nomeia algo existente como coisa empírica, mas, assim como as expressões *unicórnio*, *rosa saxífraga*, *ptyx*, é uma referência definida pela autora como touro azul que corre atrás da própria sombra, arremetendo-se contra nada e ninguém. A capa da edição de 1945 estampa o desenho desse animal que não existe, feito pela grande pintora portuguesa Maria Helena Vieira da Silva. Quanto à significação de *Mar absoluto*, pode ser a de mar total, ou mar sem limites e mar infinito; mas é mais exato pensar que sua significação seja indeterminada. Darlene J. Sadlier, professora da Universidade de Indiana, propôs que esse título pode sugerir diferentes ideias, como a do passado heroico dos navegadores portugueses, avós e tios de Cecília Meireles; a grandeza, a profundidade e a liberdade, opostas ao cotidiano que a autora chama de "mesquinho formigar do mundo"; a singularidade metafísica de uma poesia que se dá à leitura como inviolada "máquina do mundo"[2] etc. Admitindo essas e várias outras significações, a fórmula qualifica a linguagem dos poemas do livro. Neles, Cecília Meireles alude a uma origem não dita do dizer poético, propondo-a para o leitor em imagens que são como a flor ártica de Rimbaud, que não existe, e só é flor e ártica no poema onde floresce. Vejam-se, brevemente, alguns elementos dessa linguagem.

"Foi desde sempre o mar", lê-se no primeiro verso de "Mar absoluto", primeiro poema do livro. Depois de fazer referência a esse passado mítico e atemporal do mar, a poeta diz "Agora recordo", inventando o presente em que recolhe a experiência passada de multidões de anônimos, seus antepassados mortos. Atribuindo à memória o trabalho de buscar e conservar o rosto dos avós e tios portugueses caídos pelos mares do Norte e do Oriente, declara ouvir o obscuro apelo deles. Também afirma saber que deve ouvi-lo e ir ao

---

1 MEIRELES, Cecília. Beira-mar. In: _____. *Mar absoluto e outros poemas*. São Paulo: Global, 2015, p. 68.

2 SADLIER, Darlene J. ABC de Cecília Meireles. In: GOUVÊA, Leila V. B. (Org.). *Ensaios sobre Cecília Meireles*. São Paulo: Humanitas; Fapesp, 2007, p. 248-249.

seu encontro porque não há ninguém no presente e não haverá ninguém no futuro "tão decidido a amar e a obedecer a seus mortos". Aqui, quando a enunciação produz o presente, é a partir dele que as outras duas dimensões do tempo simultaneamente tomam corpo no poema. A mescla de sensações do presente, de memória do passado e de expectativa do futuro constitui o aqui-agora da enunciação como empenho devotado a uma empresa urgente:

> E tenho de procurar meus tios remotos afogados.
> Tenho de levar-lhes redes de rezas,
> campos convertidos em velas,
>
> [...]
>
> "Para adiante! Pelo mar largo!
> Livrando o corpo da lição frágil da areia!
> Ao mar! – Disciplina humana para a empresa da vida!"[3]

Modelando-se nesse mar de palavras em que os tempos se fundem, o *eu* declara-se decidido a amar e a obedecer a seus mortos. A subordinação do seu desejo aos desejos deles produz a solidão do seu presente, vivido como o absoluto do vazio de um amor da morte: "Meu sangue entende-se com essas vozes poderosas". Nesse entendimento, o *eu* se funde com os *eus* dos seus mortos em um *nós* coletivo e anônimo animado pela ilusão maior, a ilusão do mar, oposta à repetição de uma ilusão fraca, a da solidez da terra:

> A solidez da terra, monótona,
> parece-nos fraca ilusão.
> Queremos a ilusão grande do mar,[4]

Aqui, o *eu*, que se fundiu com seus mortos no pronome *nós*, também se identifica com o mar, caracterizado como "só mar", e se abre totalmente para ele. Arremata-se, assim, o processo de dissolução gradativa em que o *eu* individual se transforma no coletivo *nós* e depois se identifica com *ele*, a 3ª pessoa do mar, numa experiência de despersonalização em que também a 3ª pessoa vai sendo mais e mais substituída pela impessoalidade do mar, definido como ser autônomo e intransitivo:

---

3 MEIRELES, Cecília. Mar absoluto. In: _____. *Mar absoluto e outros poemas*. São Paulo: Global, 2015, p. 23.

4 Ibidem, p. 24.

O mar é só mar, desprovido de apegos,
[...]
e sendo depois a pura sombra de si mesmo,
por si mesmo vencido. [...]

Não precisa do destino fixo da terra,
[...]

Tem um reino de metamorfose, para experiência:
seu corpo é o seu próprio jogo,
e sua eternidade lúdica
não apenas gratuita: mas perfeita.[5]

As referências à autonomia, à intransitividade, ao ludismo, aos contrastes e à perfeição do mar metaforizam uma teoria da poesia caracterizada nuclearmente como uma experiência despersonalizada dos contrastes de força e delicadeza, "cavalo épico e anêmona suave", desprezo e simultânea entrega, ritmo prodigioso, que tudo sustenta, jardins, estrelas, olhos, e que ao mesmo tempo é ritmo desfolhado, cego e nu, numa "grandeza despojada" produzida por procedimentos retóricos como maleabilidade transparente da água, enfim, que é "água de todas as possibilidades", mas sem nenhuma fraqueza. Cecília Meireles opera as oposições com a técnica dos *adynata*, coisas impossíveis, como as daqueles versos de Camões sobre o amor, "fogo que arde sem se ver", "ferida que dói e não se sente" etc. As oposições efetuam a despersonalização do *eu*, a desmaterialização das coisas e a abstração das significações; com isso também o vazio na cabeça do leitor, lançado dentro do mar sempre recomeçado da poesia. Esse mar o convoca não para seguir por cima ou por dentro dele, mas para se converter nele, assumindo sua natureza líquida, fluida e plástica, sem princípio nem fim, sempre disponível e desprendida tanto do céu quanto da terra. Logo, mar absoluto ou mar sobre-humano em que o visível se afoga e some, acidental, como uma pequena nódoa ou célula azul.

Enquanto se converte nessa natureza morta de ausências ilimitadas abstratamente líquida, o *eu* da poeta é extremamente plástico. Vivendo a experiência da ilimitação, sem exigência de princípio ou fim, figura nas imagens sensíveis a intensidade de cada instante em que mede toda a vida em solilóquios melancólicos e lembra o que passa e se perde e nunca mais volta.

---

5   Ibidem.

Aqui, a poesia produz efeitos de metafísica, fazendo o leitor viver a experiência de uma anulação do tempo em que o sangue dos mortos e o da autora se fundem em algo singular, que nunca mais se repetirá, como diz o trecho de Rilke na epígrafe do último poema do livro, "Elegia 1933-1937", dedicado à memória de Jacintha Garcia Benevides, avó da autora: "o sangue de nossos ancestrais que forma com o nosso essa coisa sem equivalência que não se repetirá".[6]

O que vem a ser viver a iminência desse evento sem equivalência que nunca se repete ou se repetirá? Agamben lembrou que toda poesia põe em cena o acontecer do próprio ter-lugar da linguagem. No Ocidente, a experiência fundamental desse ter-lugar se chamou e ainda se chama "filosofia". Desde os gregos, esse acontecimento em que a linguagem diz o ser das coisas e simultaneamente nega que o fundamento de si mesma como evento seja dizível é a metafísica. A palavra do poema é como a palavra da filosofia? A palavra do poema também repousa na fundação negativa do seu próprio acontecimento, fazendo com que algo não se diga naquilo que diz e permaneça expresso como inexpressão ou algo não dito?[7]

Os poemas de *Mar absoluto* perseguem esse acontecimento fundamental ou fundante em que todos os tempos se anulariam, mas sem dizê-lo, evidenciando que o seu fundamento como poesia nunca se diz no que dizem, mas continua a ser repetido e diferido e como que empurrado para a frente como o não dito em cada nova palavra articulada de cada novo verso escandido, de cada novo poema inventado como anúncio e evidência da palavra originante, a palavra primeira e última, palavra absoluta, que não veio e, afinal, nunca vem nem vai vir para enfim dizer absolutamente o ser mesmo desse mar sem margens da existência humana e sua experiência do tempo. Em cada verso de cada poema de *Mar absoluto*, a poesia acontece, assim, como repetição do gesto inaugural que, enquanto figura do tempo, põe em relevo a radical impermanência humana solitariamente cravada no coração da beleza do mundo.

Compondo os poemas do livro nessa tensão do que é dito e do que se repete o não dito no dizer, Cecília Meireles refina e aprofunda os motivos da sua arte que, desde 1922, afirmou-se no campo literário brasileiro como um espiritualismo agnóstico fundado basicamente no simbolismo, europeu e brasileiro, e em correntes místicas cristãs e orientais. Leiam-se esses três versos de *Mar absoluto*:

---

6   RILKE, Maria Rainer. *Cartas a um jovem poeta*. São Paulo: Biblioteca Azul, 2013.

7   AGAMBEN, Giorgio. *A linguagem e a morte*: um seminário sobre o lugar da negatividade. Belo Horizonte: Editora da Universidade Federal de Minas Gerais, 2006, p. 91.

> Esta sou eu – a inúmera.
> Que tem de ser pagã como as árvores
> e, como um druida, mística.[8]

Tal espiritualismo – ou misticismo – modula a figuração dos temas recorrentes no livro: o nenhum sentido da vida humana, posta no coração da beleza do mundo; a solidão frente à fugacidade de tudo; a experiência intransferível da morte; a melancolia de amar, depois de perder. Em 1938, Cecília Meireles recebeu o prêmio da Academia Brasileira de Letras por *Viagem*, livro de poemas. Publicou-o, em 1939, pela editora portuguesa Ocidente. Em 1942, veio *Vaga música*. E *Mar absoluto*, em 1945. Então, grandes poetas, como Carlos Drummond de Andrade e Murilo Mendes, davam continuidade à revolução modernista iniciada na década de 1920 por Manuel Bandeira, Mário de Andrade e Oswald de Andrade. Praticamente nada, na poesia de *Viagem*, fazia lembrar imediatamente o Brasil dos poemas desses poetas. O tratamento intensamente lírico das matérias, que desmaterializa os temas em ar e música, certa ausência fria e impessoal do *eu*, a figuração muito sensória, ao mesmo tempo evanescente, da beleza e impermanência de tudo levaram muitos críticos brasileiros a afirmar que Cecília Meireles era mais portuguesa que brasileira, quando não hindu, indiana ou oriental, como autora de obras caracterizadas pela ausência de referência à história e às circunstâncias nacionais. Desde seus primeiros livros, *Espectros* (1919), *Nunca mais... e Poema dos poemas* (1923) e *Baladas para El-Rei* (1925), que não foram bem recebidos pela crítica, a refinada sensibilidade formal e a firme destreza versificatória evidenciam o conhecimento íntimo, extenso e aprofundado das várias tradições da poesia da língua, desde Paio Soares de Taveirós e os trovadores galaico-portugueses medievais até os modernistas Mário de Sá-Carneiro e Fernando Pessoa, da revista *Orpheu*. Desde o primeiro livro, de 1919, até o último dessa lista, *Mar absoluto*, de 1945, nenhum nacionalismo; e nenhuma psicologia desvairada ou expressionista, como a de poemas de Mário de Andrade; nenhuma graça do humor da síntese cubista, como a da poesia de Oswald; nenhum estilo dramaticamente humilde e autoirônico, como o de Bandeira; nenhuma enunciação coletiva material e negativa, como a de Drummond; nenhuma bagunça transcendente, como a de Murilo Mendes; nenhuma clara dureza mineral, como a de João Cabral; nenhum experimentalismo de vanguarda. Só a dicção personalíssima de um verso dúctil, modernamente ritmado e rimado, dando conta de temas modernos e antigos, livres de cor local e exotismo, filtrados por um *eu* obsessivo em seu desejo de beleza

---

8   MEIRELES, Cecília. Compromisso. In: _____. *Mar absoluto e outros poemas*. São Paulo: Global, 2015, p. 37-38.

acima do transitório. Em 1953, quando Cecília Meireles publicou o *Romanceiro da Inconfidência*, muitos críticos refizeram o juízo sobre o seu iberismo, concluindo que ela fazia uma grande poesia brasileira, tanto anedoticamente, constituindo como temas episódios e eventos acidentais da história pátria, quanto essencialmente, evidenciando uma sensibilidade integralmente afinada com os jeitos brasileiros de ser e viver, e sofrer, e morrer etc. Como diz o crítico Darcy Damasceno, ela é antes de tudo uma poeta visual: "daí certa tendência descritiva [melhor diríamos: representativa] de sua poesia, que exige a presença de elementos concretos mesmo nas peças intimistas onde se cristalizam estados anímicos."[9]

Muitos dos poemas de *Mar absoluto* evidenciam essa dominante pictórica que tende a fazer deles pequenos quadros ou pequenos cromos como que de renda e bordado. Mário de Andrade já tinha falado de "bordado búlgaro". Por exemplo, "As formigas":

> Em redor do leão de pedra,
> as beldroegas armam lacinhos
> vermelhos, roxos e verdes.
> No meio da areia,
> um trevo solitário
> pesa a prata do orvalho recebido.[10]

A figuração predominantemente visual dos temas compõe, de um lado, a encenação comovida da beleza do mundo, evidenciando o simples na harmonia das coisas minerais, vegetais, animais e o imponderável dos elementos, águas transfiguradas pela luz do sol, ar e brisa e ventos penteando caules e cabelos, a frialdade ou calor do dia, da luz, da noite, do escuro etc.; doutro lado, o desencanto triste com a limitação dos homens, que sofrem e fazem sofrer, a melancolia da fugacidade da vida, a perda e a permanência do amor pelo que se foi, a indiferença cósmica e o silêncio. Damasceno falou de "conflito entre a realidade que foge e a alma que aspira a preservá-la", vendo nele o estado espiritual que identificou na autora como "barroquismo no século XVII". Segundo ele, haveria um "viés Quevedo" na poesia de Cecília Meireles como consciência da transitoriedade e vaidade de tudo, o que também aproximaria sua arte poética de enunciados de religiões orientais que afirmam a aparência, o ilusório e o nada da realidade empírica, como o bramanismo e o budismo. Essas semelhanças seriam legíveis em poemas arrematados reflexivamente e até sentenciosamente, como "Mulher ao espelho":

---

9   DAMASCENO, Darcy. Poesia do sensível e do imaginário. In: MEIRELES, Cecília. *Obra poética*. Rio de Janeiro: Cia. José Aguilar Editora, 1967, p. 23.

10 MEIRELES, Cecília. As formigas. In: _____. *Mar absoluto e outros poemas*. São Paulo: Global, 2015, p. 162.

Que mal faz, esta cor fingida
do meu cabelo, e do meu rosto,
se tudo é tinta: o mundo, a vida,
o contentamento, o desgosto?[11]

Eliane Zagury propôs que *Mar absoluto* está dividido pelos cinco poemas dos motivos da rosa em seis partes quase que totalmente simétricas. Cecília Meireles reinventa em cada um deles o lugar comum da rosa, símbolo da fugacidade da vida. Os cinco tratam da relação de tempo e arte. Retomando o velho motivo tratado por Horácio – o poema como monumento que tem duração mais perene que o bronze – o *eu* da autora vê a rosa, descrevendo-a como suavidade e delicadeza de seda e nácar, trêmula de orvalho, tão delicada e frágil que pensa nela ver a beleza em lágrimas por ser efêmera. O *eu* oferece os olhos à flor, dizendo-lhe que em seu verso terá uma forma que a fará lembrada, depois de passar. A rosa física, efêmera, transforma-se na palavra "rosa", que dura, quem sabe, para sempre. Depois que o poema fixa o instante efêmero numa palavra em que teoricamente vai durar para sempre, o que passa a ser efêmero é o próprio poeta.

O "2º motivo da rosa" é posto catorze poemas depois do "1º motivo da rosa". Figura a rosa como ser inconsciente, indiferente ao poeta e ao poema. O "3º motivo da rosa", dezesseis poemas depois do "2º", refere ao poeta persa Omar Khayyam, associando sua memória à contemplação da flor, que permanece "carne eterna e vã" para que, com ela, respire ainda Omar Khayyam. O "4º motivo da rosa", posto dezessete poemas depois do "3º", retoma os anteriores, invertendo a posição da enunciação. Antes objeto, agora sujeito, é a rosa quem fala com o poeta: "Não te aflijas com a pétala que voa:/ também é ser, deixar de ser assim." Com o "5º motivo da rosa", enfim, posto dezessete poemas depois do "4º", a rosa declara que "vivemos do que perdura,/ não do que fomos". Eliane Zagury conclui que "esta transcendência de que é capaz a rosa como símbolo da vida bela e fugaz, 'o prazo do Criador na criatura' é a colocação extrema da pan-mística que se desenvolve por toda esta fase da poesia ceciliana".[12]

O último poema do livro, "Elegia 1933-1937", é algo deslocado e separado dos outros textos. Como diz Zagury, depois de tanta poesia marinha, nele afinal a poeta pousa em terra, e em terra ensolarada.[13] Como se sabe, elegia é o poema em que se faz o lamento por alguém morto. É fúnebre e triste. Neste

---

11 Idem. Mulher ao espelho. Ibidem, p. 116.

12 ZAGURY, Eliane. *Cecília Meireles*: notícia biográfica, estudo crítico, antologia, discografia, partituras. Petrópolis: Vozes, 1973, p. 44.

13 Ibidem, p. 45-46.

poema, contudo, Cecília Meireles figura a abertura e a claridade solares da natureza; simultaneamente, a inutilidade delas, pois a avó é morta, incapaz de apalpar sons, ouvir cores, cheirar a luz, ver perfumes:

> Neste mês, as cigarras cantam
> e os trovões caminham por cima da terra,
> agarrados ao sol.
> [...]
>
> Mas tudo é inútil,
> porque os teus ouvidos estão secos como conchas vazias,
> e a tua narina imóvel
> não recebe mais notícia
> do mundo que circula no vento.[14]

No caso, a tristeza elegíaca nasce do contraste entre a bela natureza impassível e o *eu*, consciência sofrendo o sentimento da perda. Rimbaud disse que a verdadeira vida está ausente. *Mar absoluto* lhe responde, afirmando que ela só é possível se reinventada.

JOÃO ADOLFO HANSEN

---

14 MEIRELES, Cecília. Elegia 1933-1937. 2. In: _____. *Mar absoluto e outros poemas*. São Paulo: Global, 2015, p. 176.

Mar absoluto e outros poemas

Mar absoluto

Foi desde sempre o mar.
E multidões passadas me empurravam
como a barco esquecido.

Agora recordo que falavam
da revolta dos ventos,
de linhos, de cordas, de ferros,
de sereias dadas à costa.

E o rosto de meus avós estava caído
pelos mares do Oriente, com seus corais e pérolas,
e pelos mares do Norte, duros de gelo.

Então, é comigo que falam,
sou eu que devo ir.
Porque não há mais ninguém,
não, não haverá mais ninguém,
tão decidido a amar e a obedecer a seus mortos.

E tenho de procurar meus tios remotos afogados.
Tenho de levar-lhes redes de rezas,
campos convertidos em velas,
barcas sobrenaturais
com peixes mensageiros
e santos náuticos.

E fico tonta,
acordada de repente nas praias tumultuosas.
E apressam-me, e não me deixam sequer mirar a rosa dos ventos.
"Para adiante! Pelo mar largo!
Livrando o corpo da lição frágil da areia!
Ao mar! – Disciplina humana para a empresa da vida!"

Meu sangue entende-se com essas vozes poderosas.
A solidez da terra, monótona,
parece-nos fraca ilusão.
Queremos a ilusão grande do mar,
multiplicada em suas malhas de perigo.

Queremos a sua solidão robusta,
uma solidão para todos os lados,
uma ausência humana que se opõe ao mesquinho formigar do mundo,
e faz o tempo inteiriço, livre das lutas de cada dia.

O alento heroico do mar tem seu polo secreto,
que os homens sentem, seduzidos e medrosos.

O mar é só mar, desprovido de apegos,
matando-se e recuperando-se,
correndo como um touro azul por sua própria sombra,
e arremetendo com bravura contra ninguém,
e sendo depois a pura sombra de si mesmo,
por si mesmo vencido. É o seu grande exercício.

Não precisa do destino fixo da terra,
ele que, ao mesmo tempo,
é o dançarino e a sua dança.

Tem um reino de metamorfose, para experiência:
seu corpo é o seu próprio jogo,
e sua eternidade lúdica
não apenas gratuita: mas perfeita.

Baralha seus altos contrastes:
cavalo épico, anêmona suave,
entrega-se todo, despreza tudo,
sustenta no seu prodigioso ritmo
jardins, estrelas, caudas, antenas, olhos,

mas é desfolhado, cego, nu, dono apenas de si,
da sua terminante grandeza despojada.

Não se esquece que é água, ao desdobrar suas visões:
água de todas as possibilidades,
mas sem fraqueza nenhuma.

E assim como água fala-me.
Atira-me búzios, como lembrança de sua voz,
e estrelas eriçadas, como convite ao meu destino.

Não me chama para que siga por cima dele,
nem por dentro de si:
mas para que me converta nele mesmo. É o seu máximo dom.

Não me quer arrastar como meus tios outrora,
nem lentamente conduzida,
como meus avós, de serenos olhos certeiros.

Aceita-me apenas convertida em sua natureza:
plástica, fluida, disponível,
igual a ele, em constante solilóquio,
sem exigências de princípio e fim,
desprendida de terra e céu.

E eu, que viera cautelosa,
por procurar gente passada,
suspeito que me enganei,
que há outras ordens, que não foram bem ouvidas,
que uma outra boca falava: não somente a de antigos mortos,
e o mar a que me mandam não é apenas este mar.

Não é apenas este mar que reboa nas minhas vidraças,
mas outro, que se parece com ele
como se parecem os vultos dos sonhos dormidos.
E entre água e estrela estudo a solidão.

E recordo minha herança de cordas e âncoras,
e encontro tudo sobre-humano.
E este mar visível levanta para mim
uma face espantosa.

E retrai-se, ao dizer-me o que preciso.
E é logo uma pequena concha fervilhante,
nódoa líquida e instável,
célula azul sumindo-se
no reino de um outro mar:
ah! do Mar Absoluto.

Noturno

Brumoso navio
o que me carrega
por um mar abstrato.
Que insigne alvedrio
prende à ideia cega
teu vago retrato?

A distante viagem
adormece a espuma
breve da palavra:
– máquina de aragem
que percorre a bruma
e o deserto lavra.

Ceras de mistério
selam cada poro
da vida entregada.
Em teu mar, no império
de exílio onde moro,
tudo é igual a nada.

Capitão que conte
quem és, porque existes,
deve ter havido.
Eu? – bebo o horizonte...
Estrelas mais tristes.
Coração perdido.

Sonolentas velas
hoje dobraremos:
– e a nossa cabeça.
Talvez dentro delas
ou nos duros remos
teu NOME apareça.

Contemplação

Não acuso. Nem perdoo.
Nada sei. De nada.
Contemplo.

Quando os homens apareceram,
eu não estava presente.
Eu não estava presente,
quando a terra se desprendeu do sol.
Eu não estava presente,
quando o sol apareceu no céu.
E, antes de haver o céu,
EU NÃO ESTAVA PRESENTE.

Como hei de acusar ou perdoar?
Nada sei.
Contemplo.

Parece que às vezes me falam.
Mas também não tenho certeza.
Quem me deseja ouvir, nestas paragens
onde todos somos estrangeiros?

Também não sei com segurança, muitas vezes,
da oferta que vai comigo, e em que resulta,
pois o mundo é mágico!
Tocou-se o Lírio, e apareceu um Cavalo Selvagem.
E um anel no dedo pode fazer desabar da lua um temporal.
Já vês que me enterneço e me assusto,
entre as secretas maravilhas.
E não posso medir todos os ângulos do meu gesto.

Noites e noites, estudei devotamente
nossos mitos, e sua geometria.

Por mais que me procure, antes de tudo ser feito,
eu era amor. Só isso encontro.
Caminho, navego, voo,
– sempre amor.
Rio desviado, seta exilada, onda soprada ao contrário,
– mas sempre o mesmo resultado: direção e êxtase.

À beira dos teus olhos,
por acaso detendo-me,
que acontecimentos serão produzidos
em mim e em ti?

Não há resposta.
Sabem-se os nascimentos
quando já foram sofridos.

Tão pouco somos, – e tanto causamos,
com tão longos ecos!
Nossas viagens têm cargas ocultas, de desconhecidos vínculos.
Entre o desejo de itinerário, uma lei que nos leva
age invisível e abriga
mais que o itinerário e o desejo.

Que te direi, se me interrogas?
As nuvens falam?
Não. As nuvens tocam-se, passam, desmancham-se.
Às vezes, pensa-se que demoram, parece que estão paradas...
– Confundiram-se.
E até se julga que dentro delas andam estrelas e planetas.
Oh, aparência... Pode talvez andar um tonto pássaro perdido.
Voz sem pouso, no tempo surdo.

Não acuso nem perdoo.
Que faremos, errantes entre as invenções dos deuses?

Eu não estava presente, quando formaram
a voz tão frágil dos pássaros.

Quando as nuvens começaram a existir,
qual de nós estava presente?

Prazo de vida

No meio do mundo faz frio,
faz frio no meio do mundo,
muito frio.

Mandei armar o meu navio.
Volveremos ao mar profundo,
meu navio!

No meio das águas faz frio.
Faz frio no meio das águas,
muito frio.

Marinheiro serei sombrio,
por minha provisão de mágoas.
Tão sombrio!

No meio da vida faz frio,
faz frio no meio da vida.
Muito frio.

O universo ficou vazio,
porque a mão do amor foi partida
no vazio.

Autorretrato

Se me contemplo,
tantas me vejo,
que não entendo
quem sou, no tempo
do pensamento.

Vou desprendendo
elos que tenho,
alças, enredos...
E é tudo imenso...

Formas, desenho
que tive, e esqueço!
Falas, desejo
e movimento
– a que tremendo,
vago segredo
ides, sem medo?!

Sombras conheço:
não lhes ordeno.
Como precedo
meu sonho inteiro,
e após me perco,
sem mais governo?!

Nem me lamento
nem esmoreço:
no meu silêncio
há esforço e gênio
e suave exemplo
de mais silêncio.

Não permaneço.
Cada momento

é meu e alheio.
Meu sangue deixo,
breve e surpreso,
em cada veio
semeado e isento.
Meu campo, afeito
à mão do vento,
é alto e sereno:
AMOR. DESPREZO.

Assim compreendo
o meu perfeito
acabamento.

Múltipla, venço
este tormento
do mundo eterno
que em mim carrego;
e, una, contemplo
o jogo inquieto
em que padeço.

E recupero
o meu alento
e assim vou sendo.

Ah, como dentro
de um prisioneiro
há espaço e jeito
para esse apego
a um deus supremo,
e o acerbo intento
do seu concerto
com a morte, o erro...

(Voltas do tempo
– sabido e aceito –
do seu desterro...)

Vigilância

A estrela que nasceu trouxe um presságio triste;
inclinou-se o meu rosto e chorou minha fronte:
que é dos barcos do meu horizonte?

Se eu dormir, aonde irão esses errantes barcos,
dentro dos quais o destino carrega
almas de angústia demorada e cega?

E como adormecer nesta Ilha em sobressalto,
se o perigo do mar no meu sangue se agita,
e eu sou, por quem navega, a eternamente aflita?

E que deus me dará força tão poderosa
para assim resistir toda a vida desperta
e com os deuses conter a tempestade certa?

A estrela que nasceu tinha tanta beleza
que voluntariamente a elegeu minha sorte.
Mas a beleza é o outro perfil do sofrimento,
e só merece a vida o que é senhor da morte.

Madrugada no campo

Com que doçura esta brisa penteia
a verde seda fina do arrozal –
Nem cílios, nem pluma, nem lume de lânguida
lua, nem o suspiro do cristal.

Com que doçura a transparente aurora
tece na fina seda do arrozal
aéreos desenhos de orvalho! Nem lágrima,
nem pérola, nem íris de cristal...

Com que doçura as borboletas brancas
prendem os fios verdes do arrozal
com seus leves laços! Nem dedos, nem pétalas,
nem frio aroma de anis em cristal.

Com que doçura o pássaro imprevisto
de longe tomba no verde arrozal!
– Caído céu, flor azul, estrela última:
súbito sussurro e eco de cristal.

Compromisso

Transportam meus ombros secular compromisso.
Vigílias do olhar não me pertencem;
trabalho dos meus braços
é sobrenatural obrigação.

Perguntam pelo mundo
olhos de antepassados;
querem, em mim, suas mãos
o inconseguido.
Ritmos de construção
enrijeceram minha juventude,
e atrasam-me na morte.
Vive! – clamam os que se foram,
ou cedo ou irrealizados.
Vive por nós! – murmuram suplicantes.

Vivo por homens e mulheres
de outras idades, de outros lugares, com outras falas.
Por infantes e velhinhos trêmulos.
Gente do mar e da terra,
suada, salgada, hirsuta.
Gente da névoa, apenas murmurada.

É como se ali na parede
estivessem a rede e os remos,
o mapa,
e lá fora crescessem uva e trigo,
e à porta se chegasse uma ovelha,
que me estivesse mirando em luar,
e perguntando-se, também.

Esperai! Sossegai!

Esta sou eu – a inúmera.
Que tem de ser pagã como as árvores

e, como um druida, mística.
Com a vocação do mar, e com seus símbolos.
Com o entendimento tácito,
instintivo,
das raízes, das nuvens,
dos bichos e dos arroios caminheiros.

Andam arados, longe, em minha alma.

Andam os grandes navios obstinados.

Sou minha assembleia,
noite e dia, lucidamente.

Conduzo meu povo
e a ele me entrego.
E assim nos correspondemos.

Faro do planeta e do firmamento,
bússola enamorada da eternidade,
um sentimento lancinante de horizontes,
um poder de abraçar, de envolver
as coisas sofredoras,
e levá-las nos ombros, como os anhos e as cruzes.

E somos um bando sonâmbulo
passeando com felicidade
por lugares sem sol nem lua.

Sugestão

Sede assim – qualquer coisa
serena, isenta, fiel.

Flor que se cumpre,
sem pergunta.

Onda que se esforça,
por exercício desinteressado.

Lua que envolve igualmente
os noivos abraçados
e os soldados já frios.

Também como este ar da noite:
sussurrante de silêncios,
cheio de nascimentos e pétalas.

Igual à pedra detida,
sustentando seu demorado destino.
E à nuvem, leve e bela,
vivendo de nunca chegar a ser.

À cigarra, queimando-se em música,
ao camelo que mastiga sua longa solidão,
ao pássaro que procura o fim do mundo,
ao boi que vai com inocência para a morte.

Sede assim qualquer coisa
serena, isenta, fiel.

Não como o resto dos homens.

Museu

Espadas frias, nítidas espadas,
duras viseiras já sem perspectiva,
cetro sem mãos, coroa já não viva
de cabeças em sangue naufragadas;
anéis de demorada narrativa,
leques sem falas, trompas sem caçadas,
pêndulos de horas não mais escutadas,
espelhos de memória fugitiva;
ouro e prata, turquesas e granadas,
        que é da presença passageira e esquiva
        das heranças dos poetas, malogradas:
        a estrela, o passarinho, a sensitiva,
        a água que nunca volta, as bem-amadas,
        a saudade de Deus, vaga e inativa...?

Minha sombra

Tranquila sombra
que me acompanhas,
em pedras rojas,
no ar te levantas,
acompanhando
meus movimentos,
pisada e escrava
por tanto tempo!

Vejo-te e choro
da companhia:
que nem sou tua
nem tu és minha.
E me pertences
e te pertenço,
mais do que à vida
e ao pensamento.

Sombra por sombra
toda abraçada,
levo-te como
anjo da guarda.
Tens tudo quanto
me quero e penso:
– frágil, exata.
(Amor. Silêncio.)

Ao despedir-me
do mundo humano
sei que te extingues
sem voz nem pranto,
no mesmo dia.
Preito como esse
tu, só, me rendes,
sombra que tinha!

Imensa pena,
que assim te deixe,
– ó companheira, –
sem companhia!...

Irrealidade

Como num sonho
aqui me vedes:
água escorrendo
por estas redes
de noite e dia.
A minha fala
parece mesmo
vir do meu lábio
e anda na sala
suspensa em asas
de alegoria.

Sou tão visível
que não se estranha
o meu sorriso.
E com tamanha
clareza pensa
que não preciso
dizer que vive
minha presença.

E estou de longe,
compadecida.
Minha vigília
é anfiteatro
que toda a vida
cerca, de frente.
Não há passado
nem há futuro.
Tudo que abarco
se faz presente.

Se me perguntam
pessoas, datas,

pequenas coisas
gratas e ingratas,
cifras e marcos
de quando e de onde,
– a minha fala
tão bem responde
que todos creem
que estou na sala.

E ao meu sorriso
vós me sorris...
Correspondência
do paraíso
da nossa ausência
desconhecida
e tão feliz!

Romantismo

Quem tivesse um amor, nesta noite de lua,
para pensar um belo pensamento
e pousá-lo no vento!

Quem tivesse um amor – longe, certo e impossível –
para se ver chorando, e gostar de chorar,
e adormecer de lágrimas e luar!

Quem tivesse um amor, e, entre o mar e as estrelas,
partisse por nuvens, dormente e acordado,
levitando apenas, pelo amor levado...

Quem tivesse um amor, sem dúvida nem mácula,
sem antes nem depois: verdade e alegoria...
Ah! quem tivesse... (Mas, quem teve? quem teria?)

Pastorzinho mexicano

Pastorzinho mexicano:
entre o duro agave e o cordeiro terno,
sentou-se em descanso.

Entre o duro agave e o cordeiro terno,
pastorzinho mexicano,
tudo é verde campo:
para o agudo espinho, para o frouxo velo
e para o silêncio do que estás pensando.

Pastorzinho mexicano
de sonho coberto!
Teus olhos têm o mesmo espanto
dos de teu rebanho.

Anda a serra no céu e no campo
deslizando seu corpo de ferro.
Vai andando e carregando
– olha como tão bem carrega! –
as três crias de seu flanco:
duro agave,
cordeiro terno,
pastorzinho mexicano.

1º motivo da rosa

Vejo-te em seda e nácar,
e tão de orvalho trêmula,
que penso ver, efêmera,
toda a Beleza em lágrimas
por ser bela e ser frágil.

Meus olhos te ofereço:
espelho para a face
que terás, no meu verso,
quando, depois que passes,
jamais ninguém te esqueça.

Então, de seda e nácar,
toda de orvalho trêmula,
serás eterna. E efêmero
o rosto meu, nas lágrimas
do teu orvalho... E frágil.

Convite melancólico

Vinde todos, e contemplai-nos:
que somos os da terra fatigados,
de cabelos hirsutos
e de joelhos sem força,
com palavras, paisagens, figuras humanas
pregadas para sempre em nossa memória.

Já nem queremos nada,
tanto estamos desgostosos:
nem água nem ouro nem beijo.
Para nunca mais – o horizonte e a sua flor!

Podeis vir, que já se extinguiram as revelações.
Nada vos custa o espetáculo.
Rasgou-se o traçado em que nos gastamos em sonho,
e a arquitetura que trazíamos
voa de novo, em números celestes.

Vinde e contemplai-nos, que entardece.
Nossas sombras caminham para o reino da Sombra.
Nunca mais sabereis como foram nossos olhos:
vinde vê-los para (se isto ainda se repetir)
vossos filhos reconhecerem prontamente
os modos e o destino dos que apenas amaram,
e passaram,
amarrados,

eles, que tinham vindo
mostrar apenas um divino dinamismo!

Desejo de regresso

Deixai-me nascer de novo,
nunca mais em terra estranha,
mas no meio do meu povo,
com meu céu, minha montanha,
meu mar e minha família.

E que na minha memória
fique esta vida bem viva,
para contar minha história
de mendiga e de cativa
e meus suspiros de exílio.

Porque há doçura e beleza
na amargura atravessada,
e eu quero a memória acesa
depois da angústia apagada.
Com que afeição me remiro!

Marinheiro de regresso
com seu barco posto a fundo,
às vezes quase me esqueço
que foi verdade este mundo.
(Ou talvez fosse mentira...)

Distância

Quem sou eu, a que está nesta varanda,
em frente deste mar, sob as estrelas,
vendo vultos andarem?

Sabem, acaso, os vultos, quem vão sendo?
Sentem o céu, as águas, quando passam?
Ou não veem, ou não lembram?

Como alguém deste mundo para a lua
dirige os olhos, meditando coisas
e assim no vago mira,

– Para este mundo vão meus pensamentos,
tão estrangeiros, tão desapegados,
como se esta varanda fosse a Lua.

Este é o lenço

Este é o lenço de Marília,
pelas suas mãos lavrado,
nem a ouro nem a prata,
somente a ponto cruzado.
Este é o lenço de Marília
para o Amado.

Em cada ponta, um raminho,
preso num laço encarnado;
no meio, um cesto de flores,
por dois pombos transportado.
Não flores de amor-perfeito,
mas de malogrado!

Este é o lenço de Marília:
bem vereis que está manchado:
será do tempo perdido?
será do tempo passado?
Pela ferrugem das horas?
ou por molhado
em águas de algum arroio
singularmente salgado?

Finos azuis e vermelhos
do largo lenço quadrado,
– quem pintou nuvens tão negras
neste pano delicado,
sem dó de flores e de asas
nem do seu recado?

Este é o lenço de Marília,
por vento de amor mandado.
Para viver de suspiros
foi pela sorte fadado:

breves suspiros de amante,
– longos, de degredado!

Este é o lenço de Marília:
nele vereis retratado
o destino dos amores
por um lenço atravessado:
que o lenço para os adeuses
e o pranto foi inventado.

Olhai os ramos de flores
de cada lado!
E os tristes pombos, no meio,
com o seu cestinho parado
sobre o tempo, sobre as nuvens
do mau fado!

Onde está Marília, a bela?
E Dirceu, com a lira e o gado?

As altas montanhas duras,
letra a letra, têm contado
sua história aos ternos rios,
que em ouro a têm soletrado...

E as fontes de longe miram
as janelas do sobrado.

Este é o lenço de Marília
para o Amado.

Eis o que resta dos sonhos:
um lenço deixado.

Pombos e flores, presentes.
Mas o resto, arrebatado.

Caiu a folha das árvores;
muita chuva tem gastado
pedras onde houvera lágrimas.
Tudo está mudado.

Este é o lenço de Marília
como foi bordado.
Só nuvens, só muitas nuvens
vêm pousando, têm pousado
entre os desenhos tão finos
de azul e encarnado.
Conta já século e meio
de guardado.

Que amores como este lenço
têm durado,
se este mesmo está durando
mais que o amor representado?

Canção

Ouvi cantar de tristeza,
porém não me comoveu.
Para o que todos deploram,
que coragem Deus me deu!

Ouvi cantar de alegria.
No meu caminho parei.
Meu coração fez-se noite.
Fechei os olhos. Chorei.

Dizem que cantam amores.
Não quero ouvir mais cantar.
Quero silêncios de estrelas,
voz sem promessas do mar.

Caramujo do mar

Caramujo do mar, caramujo,
nas areias seco e sujo...

"Fui rosa das ondas, da lua e da aurora,
e aqui estou nas areias, cujo
pó vai gastando meu dourado flanco,
sem azuis e espumas, agora.

Vai secando o sol meu coração branco,
meu coração d'água, divino, divino,
onde a origem do mundo mora.

Vou ficando ao vento todo cristalino,
quanto mais me perco, me transformo e fujo
do intranquilo mundo de outrora.

Minha essência plástica e pura
docilmente se transfigura
e vai sendo vida sonora.

Morto-vivo, em silêncio rujo;
da praia rasa, absorvo a altura,
e celebro as ondas, as luas, a aurora...
as águas que dançam, a espuma que chora..."

Caramujo do mar, caramujo,
nas areias seco e sujo...

Mulher adormecida

Moro no ventre da noite:
sou a jamais nascida.
E a cada instante aguardo vida.

As estrelas, mais o negrume
são minhas faixas tutelares,
e as areias e o sal dos mares.

Ser tão completa e estar tão longe!
Sem nome e sem família cresço,
e sem rosto me reconheço.

Profunda é a noite onde moro.
Dá no que tanto se procura.
Mas intransitável, e escura.

Estarei um tempo divino
como árvore em quieta semente,
dobrada na noite, e dormente.

Até que de algum lado venha
a anunciação do meu segredo
desentranhar-me deste enredo,

arrancar-me à vagueza imensa,
consolar-me deste abandono,
mudar-me a posição do sono.

Ah, causador dos meus olhos,
que paisagem cria ou pensa
para mim, a noite densa?

Suspiro

Não tenho nada com as pessoas,
tenho só contigo, meu Deus.

– Pássaro que pelo ar deslizas,
que pensamentos são os teus?

Minha estrela vai perseguida
e por entre círculos corre.

– Ó pássaro que vais morrendo,
saberás que também se morre?

A que dorme vai caminhando,
a outra, desperta e imóvel jaz.

– Aonde te disseram que voasses?
Segue teu rumo e canta em paz.

Prelúdio

Que tempo seria,
ó sangue, ó flor,
em que se amaria
de amor!

Pérolas de espuma,
de espuma e sal.
Nunca mais nenhuma
igual.

Era mar e lua:
minha voz, mar.
Mas a tua... a tua,
– luar!

Coroa divina
que a própria luz
nunca mais tão fina
produz.

Que tempo seria,
ó sangue, ó flor,
em que se amaria
de amor!

Lamento da noiva do soldado

Como posso ficar nesta casa perdida,
neste mundo da noite,
sem ti?

Ontem falava a tua boca à minha boca...
E agora que farei,
sem saber mais de ti?

Pensavam que eu vivesse por meu corpo e minha alma!
Todos os olhos são de cegos... Eu vivia
unicamente de ti!

Teus olhos, que me viram, como podem ser fechados?
Aonde foste, que não me chamas, não me pedes,
como serei agora, sem ti?

Cai neve nos teus pés, no teu peito, no teu
coração... Longe e solitário... Neve, neve...
E eu fervo em lágrimas, aqui!

Instrumento

A cana agreste ou a harpa de ouro
permitem que alguém as acorde
com brando pulso ou leve sopro.

Têm memória de águas e vento
e – além dos mundos desvairados –
do silêncio, o etéreo silêncio!

Seus poderes de eternidade
tornam imenso e inesquecível
o som mais transitório e suave.

Chega-te concentrado e cauto,
que o universo inteiro te escuta!
Frase inútil, suspiro falso

vibram tão poderosamente
que a mão para, o lábio emudece,
com medo do seu próprio engano.

E o eco sem perdões o repete
para um ouvinte sobre-humano.

Epigrama

Pelo arco-íris tenho andado.
Mas de longe, e sem vertigens.
E assim pude abraçar nuvens,
para amá-las e perdê-las.

Foi meu professor um pássaro,
dono de arco-íris e nuvens,
que dizia adeus com as asas,
em direção às estrelas.

Por baixo dos largos fícus...

Por baixo dos largos fícus
plantados à beira-mar,
em redor dos bancos frios
onde se deita o luar,
vão passando os varredores,
calados, a vassourar.

Diríeis que andam sonhando,
se assim os vísseis passar,
por seu calmo rosto branco,
sua boca sem falar,
– e por varrerem as flores
murchas, de verem amar.

E por varrerem os nomes
desenhados par a par,
no vão desejo dos homens,
na areia vã, de pisar...
– por varrerem os amores
que houve naquele lugar.

Visto de baixo, o arvoredo
é renda verde de luar,
desmanchada ao vento crespo
que à noite regressa ao mar.

Vão passando os varredores;
vão passando e vão varrendo
a terra, a lembrança, o tempo.

E, de momento em momento,
varrem seu próprio passar...

Os presentes dos mortos

Os presentes dos mortos
arrastam-se ternamente
no encalço dos vivos.

Usam um silêncio diferente,
pousam de um modo peculiar.

Como também morreram um pouco,
têm uma feição pálida e ausente.
Comanda-os de longe esquiva estrela.

Como, porém, não morreram de todo,
aproximam-se com branduras de fantasma,
e a cada instante se detêm,
medrosos, por se encontrarem na nossa frente.

Somos tão bruscos, tão agressivos!
É tão insensível aos delicados modos da morte
a condição do áspero ser vivente!

2º motivo da rosa

A Mário de Andrade

Por mais que te celebre, não me escutas,
embora em forma e nácar te assemelhes
à concha soante, à musical orelha
que grava o mar nas íntimas volutas.

Deponho-te em cristal, defronte a espelhos,
sem eco de cisternas ou de grutas...
Ausências e cegueiras absolutas
ofereces às vespas e às abelhas,

e a quem te adora, ó surda e silenciosa,
e cega e bela e interminável rosa,
que em tempo e aroma e verso te transmutas!

Sem terra nem estrelas brilhas, presa
a meu sonho, insensível à beleza
que és e não sabes, porque não me escutas...

Suave morta

À suave morta, que dizem os figurinos abertos
e seu espelho e seu perfume e seus anéis?

(Olhos fechados. Narina imóvel.)

Que podem dizer os poetas? E agora os santos que lhe importam?
E os amigos? Por onde os rostos verdadeiros, e os infiéis?

(Olhos fechados. Memória dormida.)

Aqueles que inutilmente amou, estão longe ou perto?
Não sabe, não se lembra, não se interessa, já não tem
necessidade de querer, de ser querida: no seu mundo
ela é tudo, ela é todas, multiplicada do ninguém.

(Olhos fechados. Coração quieto.)

A suave morta é areia onde asa nenhuma bate sombra.
Areia cega às nuvens e às estrelas. Tão perdida...

Digam-lhe o que quiserem. Chorem. Amem-na. É agora ausente
por completo, como aprendeu, dia a dia, na vida.

(Olhos fechados: e instruída.)

O tempo no jardim

Nestes jardins – há vinte anos – andaram os nossos muitos passos,
e aqueles que então éramos se contemplaram nestes lagos.

Se algum de nós avistasse o que seríamos com o tempo,
todos nós choraríamos, de mútua pena e susto imenso.

E assim nos separamos, suspirando dias futuros,
e nenhum se atrevia a desvelar seus próprios mundos.

E agora que separados vivemos o que foi vivido,
com doce amor choramos quem fomos nesse tempo antigo.

Diana

A Manuel Bandeira

Ah, o tempo inteiro
perseguindo, de bosque em bosque,
rastros desfigurados!

As flores tocam-lhe
com bicos de aço a carne rápida.
E a chuva enche-lhe os olhos.

Manejava o arco
de tal maneira suave e exata
que era belo ser vítima.

Voltava à noite,
vazia a aljava, e pensativa,
com sua sombra, apenas.

Nenhuma caça
valera a seta nem o gesto
da caçadora triste.

Nenhuma seta,
nenhum gesto valera o grito
reproduzido no eco.

Beira-mar

Sou moradora das areias,
de altas espumas: os navios
passam pelas minhas janelas
como o sangue nas minhas veias,
como os peixinhos nos rios...

Não têm velas e têm velas;
e o mar tem e não tem sereias;
e eu navego e estou parada,
vejo mundos e estou cega,
porque isto é mal de família,
ser de areia, de água, de ilha...
E até sem barco navega
quem para o mar foi fadada.

Deus te proteja, Cecília,
que tudo é mar – e mais nada.

Evelyn

Não te acabarás, Evelyn.

As rochas que te viram são negras, entre espumas finas;
sobre elas giram lisas gaivotas delicadas,
e ao longe as águas verdes revolvem seus jardins de vidro.

Não te acabarás, Evelyn.

Guardei o vento que tocava
a harpa dos teus cabelos verticais,
e teus olhos estão aqui, e são conchas brancas,
docemente fechados, como se vê nas estátuas.

Guardei teu lábio de coral róseo
e teus dedos de coral branco.
E estás para sempre, como naquele dia,
comendo, vagarosa, fibras elásticas de crustáceos,
mirando a tarde e o silêncio
e a espuma que te orvalhava os pés.

Não te acabarás, Evelyn.

Eu te farei aparecer entre as escarpas,
sereia serena,
e os que não te viram procurarão por ti
que eras tão bela e nem falaste.

Evelyn! – disseram-me,
apontando-te entre as barcas.

E eras igual a meu destino:

Evelyn – entre a água e o céu.
Evelyn – entre a água e a terra.
Evelyn – sozinha –
entre os homens e Deus.

Xadrez

Leva-me o tempo para a frente,
certo de sua direção.
Pausado passo indiferente!

(Peão.)

Que ímpeto me vem, de repente,
e se esforça por contrariá-lo?
Ó nervosa crina, asa ardente!

(Cavalo.)

Talvez em meu poder aumente,
e o tempo invicto alcance e toque...
Como, porém, mudar-lhe a ação?

(Roque.)

Leva-me o tempo para a frente,
dizendo passo a passo: "És minha!"
E acrescentando, por piedade:

"Rainha!"

E apenas digo, debilmente,
como quem sonha e se persuade:
"Tua, apenas tua, serei...

Rei!"

Doce cantar

Tão liso está meu coração,
tão lisos, meus pensamentos,
que as lágrimas rolarão,
e os contentamentos.

Folhas verdes e encarnadas
tão lisas nunca serão,
nem orvalhadas.

Nunca serão as espadas
lisas como o meu coração,
mas grossas e enferrujadas.

E aos meus lisos pensamentos
nunca se compararão
nem luzes nem ventos.
Que as imagens e os momentos
rugas sempre são.

Poema a Antonio Machado

Contigo, Antonio, Antonio Machado,
contigo quisera passear,
por manhã de serra, por noite de rio,
por nascer de luar.

Palavras calmas que fosses dizendo,
seriam folhas movidas no ar.
Tu eras a árvore, a árvore, Antonio,
com sua alma preliminar.

Palavras tristes que não me dissesses,
sentidas ao vento, por outro lugar,
os deuses dos campos as recolheriam,
para as transformar.

Tu eras a árvore andando na terra,
com raízes vivas, pássaros a cantar.
Contigo, contigo, Antonio Machado
fora bom passear.

Por montes e vales ir andando, andando,
e, entre caçadores que vão a caçar,
ouvir teus lebréus perseguindo a lua,
corça verde, no ar.

Realização da vida

Não me peças que cante,
pois ando longe,
pois ando agora
muito esquecida.

Vou mirando no bosque
o arroio claro
e a provisória
flor escondida.

E procuro minha alma
e o corpo, mesmo,
e a voz outrora
em mim sentida.

E me vejo somente
pequena sombra
sem tempo e nome,
nisto perdida,

– nisto que se buscara
pelas estrelas,
com febre e lágrimas,
e que era a vida.

Desapego

A vida vai depressa e devagar.
Mas a todo momento
penso que posso acabar.

Porque o bem da vida seria ter
mesmo no sofrimento
gosto de prazer.

Já nem tenho vontade de falar
senão com árvores, vento,
estrelas, e águas do mar.

E isso pela certeza de saber
que nem ouvem meu lamento
nem me podem responder.

Baile vertical

Deslizamos tão fluidos, vagamente,
neste chão vertical!
Nossos braços não lutam, na torrente,
porque este é um baile sobrenatural.

Caem todos os nossos dons humanos
– palavras, pensamentos... – Vão,
mais depressa que nós, aos derradeiros planos
onde, afinal, se deixa mesmo o coração.

Mas é tão grande a festa!... Há tanta pressa,
tamanha confusão, tal vertigem pelo ar,
que ninguém mais pergunta onde começa,
e parece impossível terminar.

Balada do soldado Batista

Era das águas, vinha das águas:
trazia sua sorte escrita
na palma das mãos, o soldado Batista.

Nos primeiros dias de sangue,
uma velhinha chorava aflita,
soletrando o seu nome na lista.

Era das águas, vinha das águas.
Um velhinho disse: "Permita
Deus que acabe a guerra!" Na crista

dos mares já dançava o navio,
e o moço, por ser fatalista,
sorri para a onda que o solicita.

Era das águas, vinha das águas:
fora batizado Batista.
A velhinha chora. O velhinho medita.

Não vem carta? Onde está, que não manda uma letra?
Que demora tão esquisita!
Perto do amor. Longe da vista.

Era das águas, vinha das águas.
O primeiro torpedo atinge e precipita
o primeiro navio: o do soldado Batista.

O velhinho reflete: "Oxalá não tenha
ido para longe... para a África... e assista
horrores..." E a velhinha responde, contrita:

"Era das águas, vinha das águas,
que Deus o proteja, e a Virgem bendita,
e seu padrinho, São João Batista!..."

Ambos se afligem. (Quem sabe, nas águas...?)
Mas não dizem nada. Nenhum acredita
e receia também que o outro não resista...

Era das águas, vinha das águas.
Fora-se nas águas, na data prevista
pela curva da vida, em ambas as mãos inscrita.

Nas cadeiras de vime, os velhinhos sentados
perguntam a quem chega: "Quanto dista
a África do Brasil? Que distância infinita!"

Era das águas, vinha das águas, foi-se nas águas...
Os jornais já trazem, o rádio já grita:
só eles não sabem! – Morreu no mar o soldado Batista.

Só eles não sabem! Não saberão por muito tempo...
O amor preserva. O amor ressuscita.
Enquanto não souberem, sonharão que ainda exista

em algum lugar seu filho, o soldado Batista.

Vimos a lua

Vimos a lua nascer, na tarde clara.

Orvalhavam diamantes, as tranças aéreas das ondas
e as janelas abriam-se para florestas cheias de cigarras.

Vimos também a nuvem nascer no fim do oeste.
Ninguém lhe dava importância.
Parece uma pena solta – diziam.
Uma flor desfolhada.

Vimos a lua nascer, na tarde clara.
Subia com seu diadema transparente,
vagarosa, suportando tanta glória.

Mas a nuvem pequena corria veloz pelo céu.
Reuniu exércitos de lã parda,
levantou por todos os lados o alvoroto da sombra.

Quando quisemos outra vez luar,
ouvimos a chuva precipitar-se nas vidraças,
e a floresta debater-se com o vento.

Por detrás das nuvens, porém,
sabíamos que durava, gloriosa e intacta, a lua.

Cavalgada

Escuta o galope certeiro dos dias
saltando as roxas barreiras da aurora.

Já passaram azuis e brancos:
cinzentos, negros, dourados passaram.

Nós, entretidos pela terra,
não levantamos quase nunca os olhos.

E eles iam de estrela a estrela,
asas, crinas e caudas agitando.

Todos belos, e alguns sinistros,
com centelhas de sangue pelos cascos.

Se alguém lhes suplicasse: "Parem!"
– não parariam – que invisível látego

ao flanco impôs-lhes ritmo certo.
Se por acaso alguém dissesse: "Voem!

Mais depressa e para mais longe!"
– veria o que é, no céu, a voz humana...

Escuta o galope sem pausa
da cavalgada que vai para oeste.

Não suspires pelo que existe
nesses caminhos do sol e da lua.

Semeia, colhe, perde, canta,
que a cavalgada leva seu destino.

Ferraduras ígneas virão
procurar onde estás, na hora que é tua.

Entre essas patas de aço e nuvem,
estão presos teus campos e teus mares.

Irás ao céu num selim de ouro,
sem saberes quem pôs teu pé no estribo.

Rodarás entre a poeira e Sírius,
com esses ginetes sem voz e sem sono,

até vir o mais poderoso
que esmague a rosa guardada em teu peito.

Depois, continuarão saltando, mas tão longe
que não perturbarão tuas pálpebras soterradas.

Retrato obscuro

Veem-se passar seus dois pés,
serenos e certos.
Mas, como as pedras admiradas
e o pó jacente
e as mínimas vidas contritas,
sabe-se que há uma espécie de nimbo em redor deles,
que lhes retira o peso, e governa,
governa seu destino e o dos demais.

Assim é ela.

Entre pássaros e flores,
é preciso procurar aprender suas mãos:
inclinam-se, giram, passam,
pertencem a outros enredos,
têm ofícios longe da terra.

Perguntam-me por ela.
Tão triste, responder!

Ela chega, toca-me, deixa-me.
Eu nem olho para ela.
Doce e amargo é pensá-la,
e estar à sua disposição, tacitamente.
Sou o degrau da escada e o fecho em que pousam seus dedos.
Às vezes, seu baço espelho,
e o campo onde um momento desliza seu véu.

Ela vai sempre na frente.
Sozinha. Com um silêncio de bússola e deusa.
Livre de encontros, paradas, limites,
anda leve como as borboletas
e segura como o sol no céu.
E é diante de suas mãos que se sente

esta miséria taciturna,
a obrigação do horizonte,
o curto espaço entre o nascimento e a morte.

Choro porque ela está por estar – assim perto e entre nós,
e comigo, – sem mim.
Sua presença animando e enganando minha forma,
não me deixando ver até onde sou ela,
e desde onde a outra que a acompanha,
sabendo-a e sem a saber.

Vede a cor de seus olhos
como desmaia, desaparece, límpida e liberta,
por firmes ou oscilantes horizontes.
Sei, quando ela fala, que é diferente de todos,
e, mesmo quando se parece comigo, fico sem saber se sou eu.

E quando não diz nada, sofro, perguntando o que a detém,
por lugares que apenas sinto,
e não a posso ajudar a amar nem a sofrer,
porque nem sofre nem ama,
e é pura, ausente e próxima.

Quem poderá dizer alguma coisa certa a seu respeito?
Ela mesma pararia, ouvindo-se descrever,
atônita.
Seu rosto inviolável é como o das estrelas,
quando os homens explicam:
"Aquela é Sírius… Aquela, Antares… Aquela…"

E como as estrelas
a levo e me leva – incomunicável,
suspensa na vida,
sem glória e sem melancolia.

Pássaro azul

Tua estirpe habitara alcândoras divinas.
Com pés de prata e anil desceste antigos tempos.
E em minhas mãos pousaste, e o silêncio explicou-se
por tua voz, que era de nunca e era de sempre.

Nomes de estrelas vinham sobre as tuas asas,
e era o teu corpo uma ampulheta pressurosa.
Entre as nuvens procuro o último azul que foste...
Mas, de tanto saber, nada mais se deplora.

Como te penso tanto, e tão longe procuro
tua música além das nuvens, não te esqueças
que posso estar um dia, em lágrima extraviada,
pólen do céu brilhando entre os altos planetas.

Mas não voltes aqui, pois é pesado e triste
o humano clima, para o teu destino aéreo.
Eu mal te posso amar, com o sonho do meu corpo
condenado a este chão e sem gosto terrestre.

3º motivo da rosa

Se Omar chegasse
esta manhã,
como veria a tua face,
Omar Khayyam,
tu, que és de vinho
e de romã,
e, por orvalho e por espinho,
aço de espada e Aldebarã?

Se Omar te visse
esta manhã,
talvez sorvesse com meiguice
teu cheiro de mel e maçã.
Talvez em suas mãos morenas
te tomasse, e dissesse apenas:
"É curta a vida, minha irmã".

Mas por onde anda a sombra antiga
do amargo astrônomo do Irã?

Por isso, deixo esta cantiga
– tempo de mim, asa de abelha –
na tua carne eterna e vã,
rosa vermelha!

Para que vivas, porque és linda,
e contigo respire ainda
Omar Khayyam.

Transição

O amanhecer e o anoitecer
parece deixarem-me intacta.
Mas os meus olhos estão vendo
o que há de mim, de mesma e exata.

Uma tristeza e uma alegria
o meu pensamento entrelaça:
na que estou sendo a cada instante,
outra imagem se despedaça.

Este mistério me pertence:
que ninguém de fora repara
nos turvos rostos sucedidos
no tanque da memória clara.

Ninguém distingue a leve sombra
que o autêntico desenho mata.
E para os outros vou ficando
a mesma, continuada e exata.

(Chorai, olhos de mil figuras,
pelas mil figuras passadas,
e pelas mil que vão chegando,
noite e dia... – não consentidas,
mas recebidas e esperadas!)

Romantismo

Seremos ainda românticos
– e entraremos na densa mata,
em busca de flores de prata,
de aéreos, invisíveis cânticos.

Nas pedras, à sombra, sentados,
respiraremos a frescura
dos verdes reinos encantados
das lianas e da fonte pura.

E tão românticos seremos,
de tão magoado romantismo,
que as folhas dos galhos supremos
que se desprenderem no abismo

pousarão na nossa memória
– secas borboletas caídas –
e choraremos sua história,
– resumo de todas as vidas.

Saudade

Na areia do Douro, orvalhada de ouro,
menina Ondina,
era lindo brincar.
Transparentes peixes, translúcidos seixos
entre os nossos dedos vinham desmaiar.

Por negras colinas, trepavam as vinhas,
menina Ondina,
muito longe de nós.
Dentro das figueiras, vozes zombeteiras
armavam espelhos para a nossa voz.

Os barcos rabelos carregavam pelo
rio sossegado seus largos barris.
Ah, na areia clara quem sempre ficara,
menina Ondina,
pastoreando as ondas, pastora feliz!

Doce era a cantiga das manhãs antigas,
menina Ondina!
Pela névoa sem fim,
vinha o carpinteiro, com brancas madeiras
talhar barcas novas, iguais a marfim.

Neblinas tão vastas, areias tão gastas,
menina Ondina!
E no meu coração
caminhos tão longos para a água dos sonhos,
longos como a areia dourada do chão...

E o rio corria, transportando o dia,
menina Ondina,
para o escondido mar.
Levava esquecidas também nossas vidas,
com os peixes, os seixos e as coisas divinas
que morrem sem se acabar...

Interpretação

As palavras aí estão, uma por uma:
porém minha alma sabe mais.

De muito inverossímil se perfuma
o lábio fatigado de ais.

Falai! que estou distante e distraída,
com meu tédio sem voz.

Falai! meu mundo é feito de outra vida.
Talvez nós não sejamos nós.

O convalescente

O convalescente, diante do espelho,
examina seu branco rosto esmaecido.
Vago lilás, o lábio vermelho.
Marfins... Lírios... E o quarto, um búzio em seu ouvido.

Diante do espelho, o convalescente
mira o peito pálido e frio,
com os ossos paralelamente...
E pensa no antigo feitio

de seus braços, de seu pescoço,
e na direção pressurosa
de seu olhar, que era tão vívido, tão moço,
quando ele todo era mármore e rosa!

E agora é débil, frouxo; e seu passo, que hesita
diante do espelho, sente seu rumo longe e estranho.
Entre os móveis, a sua força é tímida. Levita
como um pássaro tonto sobre um ondulante rebanho.

Desenrolam-se terra e céu nessa memória
de homem. O antigo é de hoje, o que vem não faz falta.
Tão perto andou do fim que sua vida é história
sem elos. O resto mal o sobressalta.

E para, a olhar, a ouvir, de súbito presente,
vindo outra vez, ele tão solto, ele tão ido...
Casas. Pessoas. Fatos... – Este mundo! – O convalescente
regressa triste, como um cadáver arrependido.

Surpresa

Trago os cabelos crespos de vento
e o cheiro das rosas nos meus vestidos.
O céu instala no meu pensamento
os seus altos azuis estremecidos.

Águas borbulhantes, árvores tranquilas
vão adormentando meus tempos chorados.
E a tarde oferece às minhas pupilas
nuvens de flores por todos os lados.

Ó verdes sombras, claridades verdes,
que esmeraldas sensíveis hei nutrido,
para sobre o meu coração verterdes
mirra de primaveras e de olvidos?

Ó céus, ó terra que de tal maneira
ardente e amarga tenho atravessado,
por que agora pensais com tão fino cuidado
vossa mansa, calada, ferida prisioneira?

Lamento da mãe órfã

Foge por dentro da noite,
reaprende a ter pés e a caminhar,
descruza os dedos, dilata a narina à brisa dos ciprestes,
corre entre a lua e os mármores,
vem ver-me,
entra invisível nesta casa, e a tua boca
de novo à arquitetura das palavras
habitua,
e teus olhos à dimensão e aos costumes dos vivos!

Vem para perto, nem que já estejas desmanchado
em fermentos do chão, desfigurado e decomposto!
Não te envergonhes do teu cheiro subterrâneo,
dos vermes que não podes sacudir de tuas pálpebras,
da umidade que penteia teus finos, frios cabelos
cariciosos.

Vem como estás, metade gente, metade universo,
com dedos e raízes, ossos e vento, e as tuas veias
a caminho do oceano, inchadas, sentindo a inquietação das marés.

Não venhas para ficar, mas para levar-me, como outrora
também te trouxe,
porque hoje és dono do caminho,
és meu guia, meu guarda, meu pai, meu filho, meu amor!

Conduze-me aonde quiseres, ao que conheces, – em teu braço
recebe-me, e caminhemos, forasteiros de mãos dadas,
arrastando pedaços de nossa vida em nossa morte,
aprendendo a linguagem desses lugares, procurando os senhores
e as suas leis,
mirando a paisagem que começa do outro lado de nossos cadáveres,
estudando outra vez nosso princípio, em nosso fim.

Transformações

Sobre o leito frio,
sou folha tombada
num sereno rio.

Folha sou de um galho
onde uma cigarra,
nutrida de orvalho,

rasgou sua vida
em música – ao vento –
desaparecida...

Sobre o leito frio,
sou folha e pertenço
a um profundo rio.

(Pela noite afora,
vão virando sonho
músicas de outrora...)

Caronte

Caronte, juntos agora remaremos:
eu com a música, tu com os remos.

Meus pais, meus avós, meus irmãos,
já também vieram, pelas tuas mãos.

Mas eu sempre fui a mais marinheira:
trata-me como tua companheira.

Fala-me das coisas que estão por aqui,
das águas, das névoas, dos peixes, de ti.

Que mundo tão suave! que barca tão calma!
Meu corpo não viste: sou alma.

Doce é deixar-se, e ternura o fim
do que se amava. Quem soube de mim?

Dize: a voz dos homens fala-nos, ainda?
Não, que antes do meio sua voz é finda.

Rema com doçura, rema devagar:
não estremeças este plácido lugar.

Pago-te em sonho, pago-te em cantiga,
pago-te em estrela, em amor de amiga.

Dize, a voz dos deuses onde principia,
neste mundo vosso, de perene dia?

Caronte, narra mais tarde, a quem vier,
como a sombra trouxeste aqui de uma mulher

tão só, que te fez seu amigo;
tão doce – ADEUS! – que cantava até contigo!

Madrugada na aldeia

Madrugada na aldeia nevosa,
com as glicínias escorrendo orvalho,
os figos prateados de orvalho,
as uvas multiplicadas em orvalho,
as últimas uvas miraculosas.

O silêncio está sentado pelos corredores,
encostado às paredes grossas,
de sentinela.

E em cada quarto os cobertores peludos envolvem o sono:
poderosos animais benfazejos, encarnados e negros.

Antes que um sol luarento
dissolva as frias vidraças,
e o calor da cozinha perfume a casa
com a lembrança das árvores ardendo,

a velhinha do leite de cabra desce as pedras da rua
antiquíssima, antiquíssima,
e o pescador oferece aos recém-acordados
os translúcidos peixes,
que ainda se movem, procurando o rio.

Leveza

Leve é o pássaro:
e a sua sombra voante,
mais leve.

E a cascata aérea
de sua garganta,
mais leve.

E o que lembra, ouvindo-se
deslizar seu canto,
mais leve.

E o desejo rápido
desse antigo instante,
mais leve.

E a fuga invisível
do amargo passante,
mais leve.

Futuro

É preciso que exista, enfim, uma hora clara,
depois que os corpos se resignam sob as pedras
como máscaras metidas no chão.

Por entre as raízes, talvez se veja, de olhos fechados,
como nunca se pôde ver, em pleno mundo,
cegos que andamos de iluminação.

Perguntareis: "Mas era aquilo, o teu silêncio?"
Perguntareis: "Mas era assim, teu coração?"

Ah, seremos apenas imagens inúteis, deitadas no barro,
do mesmo modo solitárias, silenciosas,
com a cabeça encostada à sua própria recordação.

Noturno

Estrela fria
da tua mão.
Tênue cristal,
exígua flor.

Ai! Neva amor.

Lua deserta
do teu olhar.
Puro, glacial
fogo sem cor!

Ai! Neva amor.

Imenso inverno
de coração.
Gelo sem fim
a deslizar...

Pus-me a cantar
na solidão:

Teu frio vem
do céu, de mim,
de ti, de quem?
Não há mais sol,
verão, calor?

Ai! Neva amor.

Inibição

Vou cantar uma cantiga,
vou cantar – e me detenho:
porque sempre alguma coisa
minha voz está prendendo.

Pergunto à secreta Música
porque falha o meu desejo,
porque a voz é proibida
ao gosto do meu intento.

E em perguntar me resigno,
me submeto e me convenço.
Será tardia, a cantiga?
Ou ainda não será tempo...

Blasfêmia

Senhora da Várzea,
Senhora da Serra!
pelos teus santuários,
com cinza na testa,
irei arrastando
os joelhos e a reza:
subindo e descendo
ladeiras de pedra,
sustentando andores,
carregando velas,
para me livrares,
Senhora, da lepra!

Senhora da Várzea,
Senhora da Serra!
terás mais altares,
terás mais capelas,
sinos de mais bronze,
mais flores, mais festas,
mais círios, mais rendas,
e de ouro coberta
brilharás, Senhora,
de fazer inveja
a todas as santas
que há na glória eterna!

Matei minha filha:
mas era tao bela!
Roubei cinco noivas:
mas o amor não cega?
E Deus não perdoa
a quem se confessa?
Ergui seis igrejas:
nenhuma te alegra?

Todas em memória
dessas seis donzelas
que por mim perderam
seu corpo, na terra...
Meus crimes, paguei-os
com brincos, fivelas,
coroas de prata,
e mais que te dera,
para me livrares,
Senhora, da lepra!

Senhora da Várzea!
Senhora da Serra!
pede-me por sonhos:
darei quanto peças
– mais ouro, mais prata,
mais luzes, mais telas.
Maior que os meus crimes
é a minha promessa.

Vejo com os meus olhos
como degenera
a carne que tive.
Por que me desprezas,
Senhora da Várzea?
Do mal que me cerca,
por que não me livras,
Senhora da Serra?
Mão com que matei,
hoje se me entreva:
Sinto desmanchada
em cinza funesta
a boca de outrora.
E a língua me emperra

aquela peçonha
de que seis donzelas
receberam morte,
lindas e sinceras.
Senhora da Várzea!
Senhora da Serra!
Paguei meus pecados,
– e não me libertas?
Calcaste dragões,
dominaste feras,
e ao mal que me oprime,
Senhora, me entregas?
Por que não me salvas?
Que ordenas? Que esperas?

Ah, santa insensível,
não sofres, não pecas!
Senhora da Várzea!
Senhora da Serra!
Devolve o ouro e a prata
das minhas ofertas!
Que o vento arrebente
portas e janelas
das tuas igrejas!
E fiquem nas trevas
ou sejam levados
pelas labaredas
altares queimados
e naves desertas!
Caiam no teu peito
mais agudas setas!
Arda em brasa o ramo
que nas mãos carregas!
Nunca mais se arrastem

meus joelhos nas pedras,
nem a minha boca
suspire mais rezas!
Nunca mais andores,
nem círios nem festas!
Dei-te seis igrejas:
que me deste? Lepra!

Senhora da Várzea!
Senhora da Serra!
Grito aos quatro ventos
do céu e da terra.
Conheci seis virgens:
nenhuma severa
como tu, nem fria,
serena e perversa!
Seis virgens matei!
Sou morto por esta!
Dei-lhe sedas e ouro
que às outras não dera!
Soluçar de joelhos,
– só diante dela!
Morro impenitente,
fazendo-lhe guerra.
Que o fogo profundo
lamba a minha lepra!
Seja eu todo cinza,
no tempo dispersa,
negra cinza do ódio
que te envolve e nega,
Senhora da Várzea,
Senhora da Serra,
ó virgem das virgens,
sem piedade – e ETERNA!

Carta

Eu, sim. – Mas a estrela da tarde, que subia e descia o céu, cansada e esquecida?
Mas os pobres, batendo às portas, sem resultado, pregando a noite e o dia
[com seu punho seco?
Mas as crianças, que gritavam de coração alarmado: "Por que ninguém nos
[responde?"
Mas os caminhos, mas os caminhos vazios, com suas mãos estendidas à toa?
Mas o Santo imóvel, deixando as coisas continuarem seu rumo?
E as músicas dentro de caixas, suspirando de asas fechadas?

Ah! – Eu, sim – porque já chorei tudo, e despi meu corpo usado e triste,
e as minhas lágrimas o lavaram, e o silêncio da noite o enxugou.
Mas os mortos, que dentro do chão sonhavam com pombos leves e flores claras,
mas os que no meio do mar pensavam na mensagem que a praia desenrolaria
[rapidamente até seus dedos...
Mas os que adormeceram, de tão excessiva vigília – e eu não sei mais se acordarão...
e os que morreram de tanta espera... – e que não sei se foram salvos...

Eu, sim. Mas tudo isso, todos esses olhos postados em ti, no alto da vida,
não sei se te olharão como eu,
renascida de mim, e desprovida de vinganças,
no dia em que precisares de perdão.

Desenho

Fui morena e magrinha como qualquer polinésia,
e comia mamão, e mirava a flor da goiaba.
E as lagartixas me espiavam, entre os tijolos e as trepadeiras,
e as teias de aranha nas minhas árvores se entrelaçavam.

Isso era num lugar de sol e nuvens brancas,
onde as rolas, à tarde, soluçavam mui saudosas...
O eco, burlão, de pedra em pedra ia saltando,
entre vastas mangueiras que choviam ruivas horas.

Os pavões caminhavam tão naturais por meu caminho,
e os pombos tão felizes se alimentavam pelas escadas
que era desnecessário crescer, pensar, escrever poemas,
pois a vida completa e bela e terna ali já estava.

Como a chuva caía das grossas nuvens, perfumosa!
E o papagaio como ficava sonolento!
O relógio era festa de ouro; e os gatos enigmáticos
fechavam os olhos, quando queriam caçar o tempo.

Vinham morcegos, à noite, picar os sapotis maduros,
e os grandes cães ladravam como nas noites do Império.
Mariposas, jasmins, tinhorões, vaga-lumes
moravam nos jardins sussurrantes e eternos.

E minha avó cantava e cosia. Cantava
canções de mar e de arvoredo, em língua antiga.
E eu sempre acreditei que havia música em seus dedos
e palavras de amor em minha roupa escritas.

Minha vida começa num vergel colorido,
por onde as noites eram só de luar e estrelas.
Levai-me aonde quiserdes! – aprendi com as primaveras
a deixar-me cortar e a voltar sempre inteira.

4º motivo da rosa

Não te aflijas com a pétala que voa:
também é ser, deixar de ser assim.

Rosas verás, só de cinza franzida,
mortas intactas pelo teu jardim.

Eu deixo aroma até nos meus espinhos,
ao longe, o vento vai falando em mim.

E por perder-me é que me vão lembrando,
por desfolhar-me é que não tenho fim.

Obsessão de Diana

A Raquel Bastos

Diana, teu passo esteve
em onda, em nuvem, n'água
– e foi lúcido e leve.

Tão rápido e tão belo
que era espanto senti-lo
e impossível prendê-lo.

Memória e sonho, agora,
– a existência visível
da veloz caçadora!

Bastaria querer-te
pelas estrelas nadas
de teu vestígio inerte.

Mas ah! – quem descrevera
tuas mãos e teus olhos!
E teu rumo qual era!...

Estátua

Jardim da tarde divina,
por onde íamos passeando
saudade e melancolia.

Toda a gente me falava.
E nasceu minha alegria
do que não me disse nada.

O azul acabava-se, e era
céu, toda a sua cabeça,
poderosamente bela.

Nos seus olhos sem pupilas
meus próprios versos estavam
como memórias escritas.

E na curva de seu lábio,
o ar, em música transido,
perguntava por seu hálito.

Ah, como a tarde divina
foi velando suas flores,
água, areia, relva fria...

Nítida, redonda lua
prolongou seu corpo imóvel
numa perfeição mais pura.

Fez parecer que sorria
seu rosto para meu rosto:
divindade quase em vida.

Minha cegueira em seus olhos,
minha voz entre seus lábios,
e minha dor em seus modos.

Minha forma no seu plinto,
livre de assuntos humanos.
De longe. Sorrindo.

Amor-perfeito

Suas cores são as de outrora,
com muito pouca diferença:
o roxo foi-se quase embora,
o amarelo é vaga presença.
E em cada cor que se evapora
vê-se a luz do jardim suspensa.

Tão fina foi a vida sua,
tão fina é a morte em que descansa!
Mais transparente do que a lua,
mais do que as borboletas mansa!
Tanto o seu perfil atenua
que, em peso, é menos que a lembrança.

Veludo de divinos teares,
hoje seda seca e abolida,
preserva os vestígios solares
de que era feita a sua vida:
frágil coração, capilares
de circulação colorida.

Se o levantar entre meus dedos,
pólen de tardes e sorrisos
cairá com tímidos segredos
de tempos certos e imprecisos.
Ó cinco pétalas, ó enredos
de sentimentais paraísos!

Mas da leve gota pousada
no veludo, – mole diamante
que foi a resposta da amada,
que foi a pergunta do amante –
dela não se verá mais nada:
perdeu-se no vento inconstante.

Os mortos

Creio que o morto ainda tinha chorado, depois da morte:
enquanto os pensamentos se desagregavam,
depois de o coração se acostumar a ter parado.

Creio que sim, porque uma gota de choro havia entre as pálpebras,
feita de força já tão precária que nem pudera ir mais além,
que não correra, nem correria,
e que também não secava.

E que ninguém teria tido a coragem desumana de enxugar.

Por que foi que o morto chorou?
Que lembranças de sua vida chegaram até ali, reduzido àquilo?

Sua vida não foi boa nem má:
foi como a dos homens comuns,
a dos que não fizeram nenhum destino: aceitaram qualquer...
Dentro dele se debateram todas as coisas,
e de dentro dele todas as coisas saíram repercutindo sua incerteza.

Creio que o morto chorou depois da morte.
Chorou por não ter sido outro.
(É só por isso que se chora.)

Mas sobre seus olhos havia uns outros, mais infelizes,
que estavam vendo, e entendendo, e continuavam sem nada.
Sem esperança de lágrima.
Recuados para um mundo sem vibração.
Tão incapazes de sentir que se via o tempo de sua morte.
Antiga morte já entrada em esquecimento.
Já de lágrimas secas.

E no entanto, ali perto, contemplando o morto recente.
Como se ainda fosse vida.

Maternal, porque o precedeu. Apenas, sem poder sofrer,
– de tanto saber e de tanto ter sido.

Pedido

Armem a rede entre as estrelas,
para um descanso secular!
Os conhecidos – esquecê-los.
E os outros, nem imaginar.
Armem a rede!

Chamem o vento, um grande vento
aéreo leão, para amarrar
sua juba de esquecimento
a esta rede, entre Deus e o mar.
Chamem o vento!

Não falem nunca mais daquela
que oscila, invisível, pelo ar.
Não digam se foi triste ou bela
sua vocação de cantar!
Não falem nela.

Noite no rio

Barqueiro do Douro,
tão largo é teu rio,
tão velho é teu barco,
tão velho e sombrio
teu grave cantar!

Barqueiro do Douro,
a noite vai alta,
– por onde perdeste
o braço que falta,
barqueiro do Douro,
que tens de remar!

Barqueiro do Douro,
já não alumia
tão baça candeia,
nesta névoa fria...
A água entra nas tábuas
e escorre a chorar...

Barqueiro do Douro,
aonde chegaremos?
Já não enxergamos
estrelas nem remos,
nem margens, nem sombra
de nenhum lugar...

(Seu remo batia,
sua voz cantava.
Não me respondia.
Remava, remava.

A água parecia
mais negra que a noite,
mais longa que o mar!)

Enterro de Isolina

– Não faz mal que a chuva caia!
Aguentaremos a água nos olhos,
depois, cobriremos a cabeça com a saia!

– Não faz mal que no barro entremos!
Quem tropeçar, fica ajoelhado.
De barro fomos e seremos.

– Mas ninguém suje o caixão de Isolina!
Levantem bem, que o caixão é leve
onde vai a virgem menina.

– Não faz mal que nós nos sujemos:
mas levantem os ramos de rosas
e os de dálias e crisantemos!

– Andaremos léguas de estrada,
com léguas de chuva por cima.
Mas que Isolina não fique cansada!

– Esperou tanto pelo seu dia!
Mas teve vestido de seda branca
e manto igual ao da Virgem Maria.

– Tão bonitinha! Preta, preta!
Que vai ser a alma dela, agora?
– Ou beija-flor ou borboleta...

Cantar saudoso

Tangedoras de idades antigas,
pelo tempo andadas,
todo o campo é nado das vossas cantigas.

Das vossas cantigas, todo o mar é nado,
tangedoras idas!
Pura eternidade foi vosso recado.

Vozes deixastes derramadas
em terras pelo tempo andadas,
e ainda são floridas!

Deixastes lágrimas vertidas
nas águas, tangedoras idas!
E ainda são salgadas...

Mulher ao espelho

Hoje, que seja esta ou aquela,
pouco me importa.
Quero apenas parecer bela,
pois, seja qual for, estou morta.

Já fui loura, já fui morena,
já fui Margarida e Beatriz.
Já fui Maria e Madalena.
Só não pude ser como quis.

Que mal faz, esta cor fingida
do meu cabelo, e do meu rosto,
se tudo é tinta: o mundo, a vida,
o contentamento, o desgosto?

Por fora, serei como queira
a moda, que me vai matando.
Que me levem pele e caveira
ao nada, não me importa quando.

Mas quem viu, tão dilacerados,
olhos, braços e sonhos seus,
e morreu pelos seus pecados,
falará com Deus.

Falará, coberta de luzes,
do alto penteado ao rubro artelho.
Porque uns expiram sobre cruzes,
outros, buscando-se no espelho.

Sensitiva

No cedro e na rosa,
o gesto da brisa.
De joelhos, na noite,
colhíamos juntos
a sensitiva.

Teu lábio formava
uma lua fina.
Mas tua figura,
na sombra, – a folhagem
muda bebia.

Junto à áspera terra,
tua mão e a minha
se encontraram sob
o pânico súbito
da sensitiva.

Que espasmo de nácar
pela seiva aflita!
Nem rosa nem cedro
souberam da ausência
da sensitiva.

Aonde levaremos
esta dolorida
planta frágil, se
tua mão se apaga
em lírio e cinza?

Se teu rosto esparso
já não se adivinha,
e teu lábio é, agora,
na manhã que chega,
puro enigma?

Voa dos meus olhos
a noite vivida.
Na areia dos sonhos,
somente o desenho
da sensitiva.

Sobriedade

A tarde encontrou-me aqui, entre tentativas perdidas.
Perguntas seculares se levantavam do meu coração:
última planta dos desertos, voz do Enigma...
Ai de mim!

Falei às ondas abundantes: "Dai-me o caminho
embora cercado de pasmo e sombra
por onde foi... – já não por onde veio! – Ulisses!"
Ai de mim!

Pois subiu dentre as águas um vento exíguo,
menos que uma bandeira, que um pássaro, que um lenço...
Passou pelas minhas mãos... Deixou-as... e eu sorri com delícia...
Ai de mim!

Que coisa tênue, a minha vida, que conversa apenas com o mar,
e se contenta com um sopro sem promessa,
que voa sem querer das ondas para as nuvens!

Simbad, o poeta

Eras um homem grande, e pousavas como as estátuas.
– Penso nas tuas mãos robustas, da cor do barro, simples e agrestes,
na tua cabeça triste, e no rosto moreno em que entardeciam
aqueles olhos vagarosos que tiveste.

Lembro-me dos teus passos, indiferentes, andando, andando,
como se todos os caminhos fossem de areia:
um sangue de beduínos, de guerreiros e profetas
vazava rios de aceitação nas tuas veias.

Uma noite, louças floridas ofereceram pistaches, tâmaras...
As luzes faziam de ouro e rubi copos e lábios.
As sombras oprimiam mansos pássaros sobre as músicas.
E tu perto da festa andavas – calmo poeta sábio.

Tua voz, grave e rouca, extraviava-se nesse idioma
em que os estrangeiros contam, em terra alheia, suas lembranças...
Não sei se também sorrias. É bem possível que nunca chorasses.
E nunca saberemos teu pensamento onde descansa.

Teu corpo está por aí, deitado na curva da terra.
Com os teus olhos perdidos não sei que estrelas talvez olhas.
Que me fala de ti? Uma fita azul que se vai rompendo
e um cravo, de mil cravos, que cheira a cinza e se desfolha.

Leve sombra és apenas... Que fizeram do teu peito,
das tuas fortes mãos, do teu passo viril, que andava, andava...?
Dos teus olhos, onde um silêncio enorme abria as asas
como águias tristes sobrevoando as ondas bravas...?

Ó Simbad, que chegaste de um país de miragens!
o tempo vai consumindo tua flor e tua seda...
E teus amigos, e nossos versos, e nossos túmulos,
como quem torce a água das redes...

Transeunte

Venho de caminhar por estas ruas.
Tristeza e mágoa. Mágoa e tristeza.
Tenho vergonha dos meus sonhos de beleza.

Caminham sombras duas a duas,
felizes só de serem infelizes,
e sem dizerem, boca minha, o que tu dizes...

De não saberem, simples e nuas,
coisas da alma e do pensamento,
e que tudo foi pó e que tudo é do vento...

Felizes com as misérias suas,
como eu não poderia ser com a glória,
porque tenho intuições, porque tenho memória...

Porque abraçada nos braços meus,
porque, obediente à minha solidão,
vivo construindo apenas Deus...

Domingo na praça

Em três altas ondas a fonte desata
na negra bacia
suas longas madeixas de prata.

Entre o lago e as flores, desliza alegria
nas areias quietas:
cantos de ciranda, sapatinhos brancos,
aros velozes de bicicletas.

Depois dos canteiros, dois a dois, sentados,
falando em sonho, sonhando acordados,
os namorados enamorados
dizem loucuras, pelos bancos.

Ah, Deus, – e a grande lua antiga,
que volta de viagens, saindo do oceano,
ouve a alegria, ouve a cantiga,
ouve a linguagem de puro engano,
ouve a fonte que desata
na negra bacia
novas madeixas de prata...

As águas não eram estas,
há um ano, há um mês, há um dia...
Nem as crianças, nem as flores,
nem o rosto dos amores...

Onde estão águas e festas
anteriores?

E a imagem da praça, agora,
que será, daqui a um ano,
a um mês, a um dia, a uma hora...?

Aparecimento

Divide-se a noite, para que me apareças
e prolongues tua presença entre sonhos cortados.

Vejo o céu que ao longe caminha.
As montanhas respiram a luz das estrelas,
e, na ausência dos homens,
o caule do tempo sobe com felicidade.

Sobre a noite que resvala,
conservo-te imóvel entre meus olhos e a vida.
Penso todos os pensamentos,
e nenhum me auxilia.
E escuto sem querer as lágrimas
que germinam sozinhas,
e seguem sozinhas um subterrâneo curso.

Ah, meu sorriso morreu, por tristezas antigas.
Como te hei de receber em dia tão posterior?

Lamento do oficial por seu cavalo morto

Nós merecemos a morte,
porque somos humanos
e a guerra é feita pelas nossas mãos,
pela nossa cabeça embrulhada em séculos de sombra,
por nosso sangue estranho e instável, pelas ordens
que trazemos por dentro, e ficam sem explicação.

Criamos o fogo, a velocidade, a nova alquimia,
os cálculos do gesto,
embora sabendo que somos irmãos.
Temos até os átomos por cúmplices, e que pecados
de ciência, pelo mar, pelas nuvens, nos astros!
Que delírio sem Deus, nossa imaginação!

E aqui morreste! Oh, tua morte é a minha, que, enganada,
recebes. Não te queixas. Não pensas. Não sabes. Indigno,
ver parar, pelo meu, teu inofensivo coração.

Animal encantado – melhor que nós todos! – que tinhas tu com este mundo
[dos homens?
Aprendias a vida, plácida e pura, e entrelaçada
em carne e sonho, que os teus olhos decifravam...
Rei das planícies verdes, com rios trêmulos de relinchos...
Como vieste morrer por um que mata seus irmãos!

Guerra

Tanto é o sangue
que os rios desistem de seu ritmo,
e o oceano delira
e rejeita as espumas vermelhas.

Tanto é o sangue
que até a lua se levanta horrível,
e erra nos lugares serenos,
sonâmbula de auréolas rubras,
com o fogo do inferno em suas madeixas.

Tanta é a morte
que nem os rostos se conhecem, lado a lado,
e os pedaços de corpo estão por ali como tábuas sem uso.

Oh, os dedos com alianças perdidos na lama...
Os olhos que já não pestanejam com a poeira...
As bocas de recados perdidos...
O coração dado aos vermes, dentro dos densos uniformes...

Tanta é a morte
que só as almas formariam colunas,
as almas desprendidas... – e alcançariam as estrelas.

E as máquinas de entranhas abertas,
e os cadáveres ainda armados,
e a terra com suas flores ardendo,
e os rios espavoridos como tigres, com suas máculas,
e este mar desvairado de incêndios e náufragos,
e a lua alucinada de seu testemunho,
e nós e vós, imunes,
chorando, apenas, sobre fotografias,
– tudo é um natural armar e desarmar de andaimes
entre tempos vagarosos,
sonhando arquiteturas.

5º motivo da rosa

Antes do teu olhar, não era,
nem será depois, – primavera.
Pois vivemos do que perdura,

não do que fomos. Desse acaso
do que foi visto e amado: – o prazo
do Criador na criatura...

Não sou eu, mas sim o perfume
que em ti me conserva e resume
o resto, que as horas consomem.

Mas não chores, que no meu dia,
há mais sonho e sabedoria
que nos vagos séculos do homem.

Inscrição

Sou entre flor e nuvem,
estrela e mar.
Por que havemos de ser unicamente humanos,
limitados em chorar?

Não encontro caminhos
fáceis de andar.
Meu rosto vário desorienta as firmes pedras
que não sabem de água e de ar.

E por isso levito.
É bom deixar
um pouco de ternura e encanto indiferente
de herança, em cada lugar.

Rastro de flor e estrela,
nuvem e mar.
Meu destino é mais longe e meu passo mais rápido:
a sombra é que vai devagar.

Viola

Minha cantiga servia
para dizer coisas densas
que apenas eu mesma ouvia.

Foi a palavra quebrada
por muito encontro guerreiro:
ferozes golpes de espada
na tênue virtude alada
de um coração prisioneiro.

Cantar não adianta nada.

Explicar-se não se explica.

Por entre coisas imensas,
torto e ignorado se fica.

Com pensativos vagares,
de fundos poços me abeiro:
chorar é muito mais fácil
e talvez mais verdadeiro.

Natureza morta

Tinha uma carne de malmequeres, fina e translúcida,
com tênues veios de ametista, como o desenho sutil dos rios.
E ainda ficava mais branco, naquela varanda cheia de luar.

Os outros peixes nadavam gloriosos por dentro das ondas,
subiam, baixavam, corriam, brilhavam trêmulos de lua,
sem saberem daquele que não pertencia mais ao mar.

Deitado de perfil, em crespos verdes sossegados,
ia sendo servido, entre vinhos claros de altos copos,
envoltos numa gelada penugem de ar.

Seu olho de pérola baça, olho de gesso, consentia
que lhe fossem levando, pouco a pouco, todo o corpo...
E à luz do céu findava, e ao murmúrio do mar.

Os homens gloriosos

Sentei-me sem perguntas à beira da terra,
e ouvi narrarem-se casualmente os que passavam.
Tenho a garganta amarga e os olhos doloridos:
deixai-me esquecer o tempo,
inclinar nas mãos a testa desencantada,
e de mim mesma desaparecer,
– que o clamor dos homens gloriosos
cortou-me o coração de lado a lado.

Pois era um clamor de espadas bravias,
de espadas enlouquecidas e sem relâmpagos,
ah, sem relâmpagos...
pegajosas de lodo e sangue denso.

Como ficaram meus dias, e as flores claras que pensava!
Nuvens brandas, construindo mundos,
como se apagaram de repente!

Ah, o clamor dos homens gloriosos
atravessando ebriamente os mapas!

Antes o murmúrio da dor, esse murmúrio triste e simples
de lágrima interminável, com sua centelha ardente e eterna.

Senhor da Vida, leva-me para longe!
Quero retroceder aos aléns de mim mesma!
Converter-me em animal tranquilo,
em planta incomunicável,
em pedra sem respiração.

Quebra-me no giro dos ventos e das águas!
Reduze-me ao pó que fui!
Reduze a pó minha memória!

Reduze a pó
a memória dos homens, escutada e vivida...

Noite

Tão perto!
Tão longe!
Por onde
é o deserto?
Às vezes,
responde,
de perto,
de longe.
Mas depois
se esconde.
Somos um
ou dois?
Às vezes,
nenhum.
E em seguida,
tantos!
A vida
transborda
por todos
os cantos.
Acorda
com modos
de puro
esplendor.
Procuro
meu rumo:
horizonte
escuro.
um muro
em redor.
Em treva
me sumo.
Para onde
me leva?

Pergunto a Deus se estou viva,
se estou sonhando ou acordada.
Lábio de Deus! – Sensitiva
tocada.

Constância do deserto

Em praias de indiferença
navega o meu coração.
Venho desde a adolescência
na mesma navegação.
– Por que mar de tanta ausência,
e areias brancas de tão
despovoada inconsistência,
de penúria e de aflição?
(Triste saudade que pensa
entre a resposta e a intenção!)
Números de grande urgência
gritam pela exatidão:
mas a areia branca e imensa
toda é desagregação!

Em praias de indiferença
navega meu coração.
Impossível, permanência.
Impossível, direção.
E assim por toda a existência
navegar navegarão
os que têm por toda ciência
desencanto e devoção.

Cantar guaiado

Também cantarei guaiado
– ai, verde terra! ai, verde mar! –
por haver buscado tanto
e ter tão pouco que amar!

Morrerei sem ter contado
– ai, verde terra! ai, verde mar! –
quantas bagas do meu pranto
ficam no mundo a rolar.

Mas em meu lábio cerrado
– ai, verde terra! ai, verde mar! –
fica o vestígio do canto,
ai!
do grande canto guaiado
para quem o interpretar...

Canção

A Norman Fraser

Vela teu rosto, formosa,
que eu sou um homem do mar.
Que há de fazer de uma rosa
quem vive de navegar?
– se qualquer vento a desfolha,
qualquer sol a faz secar,
se o deus dos mares não olha
por quem se distrai a amar?

Pela grande água perdida,
anda, barca sem amor!
Cada qual tem sua vida:
uns, de deserto, uns, de flor.
Vela teu rosto, formosa,
que eu sou um homem do mar.
Poupa ao teu cetim de rosa
o sal que ajudo a formar...

Evidência

Nunca mais cantaremos
com o antigo vigor:
o entusiasmo era inútil,
e desnecessário, o amor.

Nos rostos que mirávamos,
derreteu nosso olhar
máscaras tão antigas
que se espantavam de acabar.

Nesse mundo que erguíamos,
deixamos presa a nossa mão.
E os companheiros, nestes muros?
Quando os terminam, e onde estão?

Puros e tristes ficamos,
puros e tristes e sós.
O coração é vaga nuvem.
E vaga areia, a voz.

Turismo

– Leve o doce de chila! – dizia.
E era pálida e suave,
sua boca de nata.
E seu vestido, de linho alvo.

Mirava com olhos de água e opala.

E embrulhava os doces com papel branco,
lentamente, sem ruído.

Nunca vi nada assim:
toda a leiteria era cândida:
esmalte, mármore, porcelana.
E seus braços formavam rios de leite,
e suas unhas, como seixos pequeninos,
brincavam com o barbante, viborazinha de marfim.

Levantou seu rosto que nem camélia.
E sorriu, com uma tênue espuma
nos dentes de cristal.

Eu pensava-a abstrata,
e desmanchava-a em laranjeira florida,
sob um luar absoluto.

Mas disse-me, entre os queijos tenros:
– Faltam cinco centavos.
E esperou, com a palma da mão aberta.

Assim mesmo, sua mão parecia um narciso inclinado.

Trânsito

Tal qual me vês,
há séculos em mim:
números, nomes, o lugar dos mundos
e o poder do sem fim.

Inútil perguntar
por palavras que disse:
histórias vãs de circunstância,
coisas de desespero ou de meiguice.

(Mísera concessão,
no trajeto que faço:
postal de viagem, endereço efêmero,
álibi para a sombra do meu passo...)

Começo mais além:
onde tudo isso acaba, e é solidão.
Onde se abraçam terra e céu, caladamente,
e nada mais precisa explicação.

Miraclara desposada

Mãos de coral dentro d'água,
na tinta, entre o sol e o sal,
Miraclara vai lavando
o seu antigo enxoval.

Ai, doce mágoa
ver o futuro passar!
Libélulas de esmeralda
veem Miraclara lavar.

Mãos de coral dentro d'água,
na tina, entre o sal e o sol,
Miraclara torce a nuvem
cintilante do lençol.

O azul que dorme redondo
numa bacia de prata
é do anil do próprio céu
que ali dentro se retrata.

Miraclara, sal e sol,
Miraclara, sol e sal,
canta e lava, lava e canta
com uma dourada garganta,
defronte à minha janela.

E à luz da manhã levanta
a sua colcha amarela
nas destras mãos de coral.

Quem viu colcha igual àquela,
como um grande girassol
num canteiro de cristal!

Em redor de Miraclara
dançam borboletas:
brancas, e encarnadas
com riscas pretas.

Acalanto

Dorme, que eu penso.
Cada qual assim navega
pelo seu mar imenso.

Estarás vendo. Eu estou cega.
Nem te vejo nem a mim.
No teu mar, talvez se chega.
Este, não tem fim.

Dorme, que eu penso.
Que eu penso nesse navio
clarividente em que vais.

Mensagens tristes lhe envio.
Pensamentos... – nada mais.

Canção

Não sou a das águas vista
nem a dos homens amada;
nem a que sonhava o artista
em cujas mãos fui formada.
Talvez em pensar que exista
vá sendo eu mesma enganada.

Quando o tempo em seu abraço
quebra meu corpo, e tem pena,
quanto mais me despedaço,
mais fico inteira e serena.
Por meu dom, divino faço
tudo a que Deus me condena.

Da virtude de estar quieta
componho o meu movimento.
Por indireta e direta,
perturbo estrelas e vento.
Sou a passagem da seta
e a seta, – em cada momento.

Não digas aos que encontrares
que fui conhecida tua.
Quando houve nos largos mares
desenho certo de rua?
E de teres visto luares,
que ousarás contar da lua?

Mudo-me breve

Recobro espuma e nuvem
e areia frágil e definitiva.
Dispõem de mim o céu e a terra,
para que minha alma insolúvel
sozinha apenas viva.

Naquelas cores de miragem
d'água e do céu, mais me compreendo.
Anjo instrutor em silêncio me leva:
e elas me fazem
ver que sou e não sou, no que estou sendo.

Fico tão longe como a estrela.
Pergunto se este mundo existe,
e se, depois que se navega,
a algum lugar, enfim, se chega...
– O que será, talvez, mais triste.

Nem barca nem gaivota:
somente sobre-humanas companhias...
Em suas mãos me entrego,
invisíveis e sem resposta.
Calada vigiarei meus dias.

Quanto mais vigiados, mais curtos!
Com que mágoa o horizonte avisto...
aproximado e sem recurso.
Que pena, a vida ser só isto!

Nós e as sombras

E em redor da mesa, nós, viventes,
comíamos, e falávamos, naquela noite estrangeira,
e nossas sombras pelas paredes
moviam-se, aconchegadas como nós,
e gesticulavam, sem voz.

Éramos duplos, éramos tríplices, éramos trêmulos,
à luz dos bicos de acetileno,
pelas paredes seculares, densas, frias,
e vagamente monumentais.
Mais do que as sombras éramos irreais.

Sabíamos que a noite era um jardim de neve e lobos.
E gostávamos de estar vivos, entre vinhos e brasas,
muito longe do mundo,
de todas as presenças vãs,
envoltos em ternura e lãs.

Até hoje pergunto pelo singular destino
das sombras que se moveram juntas, pelas mesmas paredes...
Oh, as sem saudades, sem pedidos, sem respostas...
Tão fluidas! Enlaçando-se e perdendo-se pelo ar...
Sem olhos para chorar...

Anjo da guarda

Solidão que outros miram com desprezo,
silêncio que aos demais aflige tanto,
um pensamento na vigília aceso,

um coração que não deseja nada,
– esse é o mundo a que chegas, onde a vida,
só do sonho de ser é sustentada.

Debruço-me, e não vejo de que parte
podes ter vindo, nem por que motivo.
E a coragem perdi de perguntar-te.

Deixo-te isento. Não serás cativo
de quem não te quer ver no cativeiro
de enigmas em que voluntária vivo.

Mas não partes: que, cego e sem memória,
por instinto conheces teu caminho,
e vens e ESTÁS, alheio à tua história.

E és como estrela, em séculos movida,
que num lugar do céu foi colocada
por uma simetria não sabida.

Dia de chuva

As espumas desmanchadas
sobem-me pela janela,
correndo em jogos selvagens
de corça e estrela.

Pastam nuvens no ar cinzento:
bois aéreos, calmos, tristes,
que lavram esquecimento.

Velhos telhados limosos
cobrem palavras, armários,
enfermidades, heroísmos...

Quem passa é como um funâmbulo,
equilibrado na lama,
metendo os pés por abismos...

Dia tão sem claridade!
só se conhece que existes
pelo pulso dos relógios...

Se um morto agora chegasse
àquela porta, e batesse,
com um guarda-chuva escorrendo,
e, com limo pela face,
ali ficasse batendo,
– ali ficasse batendo
àquela porta esquecida
sua mão de eternidade...

Tão frenético anda o mar
que não se ouviria o morto
bater à porta e chamar...

E o pobre ali ficaria
como debaixo da terra,
exposto à surdez do dia.

Pastam nuvens no ar cinzento.
Bois aéreos que trabalham
no arado do esquecimento.

Campo

Vem ver o dia crescer entre o chão e o céu,
o aroma dos verdes campos ir sendo orvalho na alta lua.

Os bois deitados olham a frente e o longe, atentamente,
aprendendo alma futura nas harmonias distribuídas.

O mesmo sol das terras antigas lavra nas pedras estrelas claras.
Nem as nuvens se movem. Nem os rios se queixam.
Estão deitados, mirando-se, dos seus opostos lugares,
e amando-se em silêncio, como esposos separados.

Neste descanso imenso, quem te dirá que viveste em tumulto,
e houve um suspiro em teu lábio, ou vaga lágrima em teus dedos?

Morreram as ruas desertas e os seus ávidos habitantes
ficaram soterrados pelas paixões que os consumiam.

A brisa que passa vem pura, isenta, sem lembrança.
Tece carícia e música nos finos fios do arrozal.

Em tua mão quieta, pousarão borboletas silenciosas.
Em teu cabelo flutuarão coroas trêmulas de sombra e sol.

Tão longe, tão mortos, jazem os desesperos humanos!
E os corações perversos não merecem o convívio sereno das plantas.

Mas teus pés andarão por aqui entre flores azuis,
e o seu perfume te envolverá como um largo céu.

O crepúsculo que cobre a memória, o rosto, as árvores,
inclinará teu corpo, docemente, em sua alfombra.

Acima do lodo dos pântanos, verás desabrochar o voo branco das garças.
E, acima do teu sono, o voo sem tempo das estrelas.

Voz do profeta exilado

A Haydée de Meunier

Cansei-me de anunciar teu nome
às multidões desatinadas;
e, quando desdobrei teu rosto,
responderam-me com pedradas.

Deixei essas praias ferozes
de areias e alucinação.
Fui no meu barco de perigo,
de silêncio e de solidão.

Solucei nas rochas desertas,
equilibrei-me na onda brava.
Curvei de espanto a minha fronte:
e com as águas do mar chorava.

Chorei pelas gentes perdidas
de loucura e orgulho. Depois,
por minhas visões, por meus gestos.
E, finalmente, por nós dois.

Em que outros países, de que estranhos
mundos, alguém espera pela
minha voz, salva de martírios,
condutora da tua Estrela?

Diante dos horizontes próximos,
aflige-se o meu coração.
Não sei se é o tempo da chegada,
ou sempre o da navegação.

Périplo

Minha é a deserta solidão, clara e severa,
onde respiro amanheceres seculares.

Meus navegantes, meus remotos pescadores...
Óleo, sal, redes, altivez de densas brumas...

Olho das barcas que sem pálpebra buscaram
entre sereias e medusas sua Estrela.

Graves cabeças modeladas por vento amplo,
rijos destinos, obedientes a onda e céu.

Adivinhar da flutuação: arrojo exato.
(Rápida, a espuma lava as lágrimas da praia...)

Deus-Mar! por ti vimos o Eterno e a Variedade:
a ti pedimos o que deste e o que negaste.

Se um dia foste em nosso lábio prata móvel,
branco alimento – um dia fomos, em teu lábio,

triste despojo, corpo vão, débil tributo...
Porque és assim, para te amarmos e possuirmos,

e em ti deixarmos nossa vida, mudamente,
dada ao que for vontade e lei no teu mistério.

Deus-Mar, tranquilo, e inquieto, e preso e livre, antigo
e sempre novo – indiferente e suscetível!

Em cada praia deste mundo te celebram
os que te amaram por naufrágios e vitórias,

e religiosos se renderam, convencidos,
à lição tácita dos símbolos marítimos.

Os dias felizes

Os dias felizes

Os dias felizes estão entre as árvores, como os pássaros:
viajam nas nuvens,
correm nas águas,
desmancham-se na areia.

Todas as palavras são inúteis,
desde que se olha para o céu.

A doçura maior da vida
flui na luz do sol,
quando se está em silêncio.

Até os urubus são belos,
no largo círculo dos dias sossegados.

Apenas entristece um pouco
este ovo azul que as crianças apedrejaram:

formigas ávidas devoram
a albumina do pássaro frustrado.

Caminhávamos devagar,
ao longo desses dias felizes,
pensando que a Inteligência
era uma sombra da Beleza.

O jardim

O jardim é verde, encarnado e amarelo.
Nas alamedas de cimento,
movem-se os arabescos do sol
que a folhagem recorta
e o vento abana.

A luz revela orvalhos no fundo das flores,
nas asas tênues das borboletas,
– e ensina a cintilar a mais ignorada areia,
perdida nas sombras,
submersa nos limos.

Ensina a cintilar também
os insetos mínimos,
– alada areia dos ares, que se eleva
até a ponta dos ciprestes vagarosos.

Pássaros que jorram das altas árvores
caem na relva como pedras frouxas.
As borboletas douradas e as brancas
palpitam com asas de pétala,
entre água e flores.
E as cigarras agarradas aos troncos
ensaiam na sombra suas resinas sonoras.

Essa é a glória do jardim,
com roxos queixumes de rolas,
pios súbitos, gorjeios melancólicos,
voos de silêncio,
música de chuva e de vento,
débil queda de folhas secas
murmúrio de gota d'água
na umidade verde dos tanques.

Quando um vulto humano se arrisca,
fogem pássaros e borboletas;
e a flor que se abre, e a folha morta,
esperam, igualmente transidas,
que nas areias do caminho
se perca o vestígio de sua passagem.

O vento

O cipreste inclina-se em fina reverência
e as margaridas estremecem, sobressaltadas.

A grande amendoeira consente que balancem
suas largas folhas transparentes ao sol.

Misturam-se uns aos outros, rápidos e frágeis,
os longos fios da relva, lustrosos, lisos cílios verdes.

Frondes rendadas de acácias palpitam inquietamente
com o mesmo tremor das samambaias
debruçadas nos vasos.

Fremem os bambus sem sossego,
num insistente ritmo breve.

O vento é o mesmo:
mas sua resposta é diferente, em cada folha.

Somente a árvore seca fica imóvel,
entre borboletas e pássaros.

Como a escada e as colunas de pedra,
ela pertence agora a outro reino.
Seu movimento secou também, num desenho inerte.
Jaz perfeita, em sua escultura de cinza densa.

O vento que percorre o jardim
pode subir e descer por seus galhos inúmeros:

ela não responderá mais nada,
hirta e surda, naquele verde mundo sussurrante.

Visita da chuva

Estas altas árvores
são umas harpas verdes
com cordas de chuva
que tange o vento.

Vêm os sons mais claros
da amendoeira amarela,
pontuados na palma
das fortes folhas virentes.

Os sons mais frágeis nascem
na fronde da acácia leve,
com frouxos cachos de flores
e folhinhas paralelas.

Os sons mais graves escorrem
das negras mangueiras antigas,
de grossos, torcidos galhos,
franjados de parasitas.

Os sons mais longínquos e vagos
vêm dos finos ciprestes:
chegam e apagam-se, nebulosos,
desenham-se e desaparecem...

Chuva na montanha

Como caíram tantas águas,
nublou-se o horizonte,
nublou-se a floresta,
nublou-se o vale.

E as plantas moveram-se azuis
dentro da onda que as toldava.

Tudo se transformou em cristal fosco:
as jaqueiras cansadas de frutos,
as palmeiras de leque aberto,
e as mangueiras com suas frondes
de arredondadas nuvens negras superpostas.

O arco-íris saltou como serpente multicor
nessa piscina de desenhos delicados.

Surdina

Quem toca piano sob a chuva,
na tarde turva e despovoada?
De que antiga, límpida música
recebo a lembrança apagada?

Minha vida, numa poltrona
jaz, diante da janela aberta.
Vejo árvores, nuvens, – e a longa
rota do tempo, descoberta.

Entre os meus olhos descansados
e os meus descansados ouvidos,
alguém colhe com dedos calmos
ramos de som, descoloridos.

A chuva interfere na música.
Tocam tão longe! O turvo dia
mistura piano, árvore, nuvens,
séculos de melancolia...

Noite

"Psiu! Psiu!" – dizem os pássaros de guarda.
Mas os cães ladram, ladram,
a noite inteira, inconsoláveis.

Então, os pássaros adormecem, fatigados e medrosos.

E os insetos repetem baixinho e inutilmente:
"Psiu! Psiu!", na imensa noite estrelada.

(A voz dos cães é um sonho triste,
é o sonho de mortos e vivos,
desesperado,
em voz alta...)

Madrugada

O canto dos galos rodeia a madrugada
de altas torres de música chorosa.

O canto dos galos sobe do mundo
ajudando a separação da noite e do dia.

É melancólico levar a lua para longe do horizonte,
e destruir da noite estrelada as últimas flores.

O canto dos galos incansável sustenta a hora indecisa.

Somente o esplendor da montanha ofusca as vozes que plangiam.

Por quem plangiam essas vozes vagarosas,
no vasto lamento, simultâneas e isoladas?

Pela noite – ainda inclinada para o ocidente em sono?
ou pelo sol – que arranca a terra ao convívio das estrelas?

As formigas

Em redor do leão de pedra,
as beldroegas armam lacinhos
vermelhos, roxos e verdes.
No meio da areia,
um trevo solitário
pesa a prata do orvalho recebido.
As areias finas são de ouro,
e, as grossas, como grãos de sal.
Cintila uma lasca de mica,
junto ao cadáver de um cigarro
que a umidade desenrolou.
E o cone torcido de um caramujo pequenino
pousa entre as coisas da terra
o vestígio e o prestígio do mar,
que elas não viram.
Nessa paisagem tranquila,
umas formigas pretas,
de pernas altas,
atravessam num tonto zigue-zague
as areias grossas e finas,
e vêm pesquisar por todos os lados
cada folha de beldroega,
roxa, vermelha e verde.

A menina e a estátua

A menina quer brincar com a estátua da fonte,
que é uma criança nua, em cuja cabeça os passarinhos
pousam, depois do banho,
antes de voarem para longe.

A menina, com muita precaução,
toca o braço da estátua,
e fala com ela essas coisas com outro sentido
que as crianças dizem umas às outras,
ou aos objetos com que conversam,
ou a si mesmas, quando estão sozinhas.

A menina insiste com a estátua,
convida-a a descer do plinto,
passa o dedo pelos seus pés de bronze,
examinando-os e persuadindo-a.

E diante de tal silêncio,
fica séria e preocupada,
mira a estátua de perto,
como a um pequeno deus misterioso,
caminha de costas, mirando-a,
e fica de longe a mirá-la,
por um momento prolongado e respeitoso.

Tapete

No tapete chinês, há dois homens sorridentes
que dia e noite dão de comer uma eterna comida
a duas aves gorduchas que comem sem pausa e sem movimento.

Todos vão e vêm por cima deste tapete redondo
com uma ponte longínqua sobre um céu amarelo.

Todos pisam estes dois homens, as suas aves, a sua comida.

E os homens estão sorrindo,
e este alimento não se acaba,
e as aves, de cabeça baixa,
continuam para sempre comendo...

Pardal travesso

Este pardal travesso
pia toda a manhã com fome exagerada.

Mesmo assim pequeno,
tenta voar dos galhos,
e salta desajeitado
entre as plantas baixas.

Assusta-se com qualquer ruído,
foge aos pulos pelas sebes,
e, quando encontra uma poça d'água,
faz movimentos de nadador medroso.

À tarde, espreita para todos os lados,
desce da árvore, espaneja-se na areia,
rápido, assustadiço,
pronto para a evasão.

Vai pulando,
inquieto com a sua travessura,
sobe de galho em galho,
até sentir-se em segurança.

Põe-se então a sacudir as areias das penas,
como as crianças limpando os bolsos dos aventais.

Joguinho na varanda

O meu parceiro joga com as bolas encarnadas:
"Se eu não ganhar desta vez, não dormirei a noite inteira.
O inimigo está avançando. Mas eu tenho um plano estratégico.
Estou imobilizado? Parece que caí num bolsão.
Que fazer? Andar para trás. Depois, darei um grande salto.
Conquistei uma posição. Isso agora é uma cabeça de ponte..."

E a lua, que sobrevoa terras e mares incendiados,
assiste ao jogo inocente, num quadrado de papelão.

Ilumina as bolas vermelhas, verdes, amarelas e pretas
com a mesma luz que envolveu os feridos, longe, de bruços,
e os mortos solitários que o sol amanhecente encontra.

O aquário

O aquário tem um bosque verde submerso,
que não conhece pássaros nem vento.

Areias douradas e limosas
prendem raízes pálidas,
que se prolongam em finas palmas,
em longas folhas ovais,
em crespos filamentos hirtos.

Nesse mundo sem voz,
navegam os peixes vermelhos.

Seus olhos cegos são dois preguinhos de ferro,
e é apenas um peso de prata o seu abdome
para equilíbrio do corpo incerto e transparente.

No circo líquido,
são trapezistas de malhas de ouro
em exercícios livres.
Descem de cabeça até o chão de areia,
sobem à superfície densa
onde beijam seu reflexo.
Deslizam horizontais,
movendo a mandíbula triste,
mostrando pelo contorno do lábio prateado
a cavidade escarlate que são.

Às vezes, em súbito pânico,
atravessam toda a água em correria brusca,
ou mordem a poeira verde que está sobre as folhas frias.

Seu olho sem pálpebra resvala imóvel,
e seus tênues enfeites plissados
esvoaçam frenéticos.

Suspendem-se em trapézios invisíveis,
e à luz da manhã cintilam em nudez de coral.

Alta noite, estão quietos,
colados aos vidros,
ou de lábio plantado na areia,
ou boiando como pétalas encarnadas.

Mas, se alguém passa,
voam sonâmbulos de um lado para outro,
tão fluidos, tão ágeis
que nunca se tocam,
não tocam as plantas,
e nem na água deixam a menor oscilação.

Todos os dias pergunto às plantas,
pergunto aos peixes do aquário
a razão de sua existência
ali no meio da sala.

Inclino à beira do vidro
minhas perguntas sem palavras.

Pode ser que me estejam respondendo,
e que suas respostas silenciosas
sejam também perguntas a respeito do meu rosto,
do meu rosto que sentem, mas não veem.

Edite

Cantemos Edite, a muito loura, branca e azul,
cujo avental de linho é a alegre vela de um barco
num domingo de sol, e cuja coifa é uma gaivota
planando baixa, pelo quarto.

Cantemos Edite, a anunciadora da madrugada,
que passa carregando os lençóis e as bandejas,
deixando pelos longos corredores
frescuras de jardim e ar de nuvem caseira.

Cantemos Edite, a de mãos rosadas, que caminha
com sorriso tão calmo e palavras tão puras:
sua testa é um canteiro de lírios
e seus olhos, miosótis cobertos de chuva.

Cantemos Edite, a muito loura, branca e azul,
que à luz ultravioleta se converte em ser abstrato,
em anjo roxo e verde, com pestanas incolores,
que sorri sem nos ver e nos fala calado.

Cantemos Edite, a que trabalha silenciosa
preparando todas as coisas desta vida,
porque a qualquer momento a porta deste mundo se abre
e chega de repente o esperado Messias.

Alvura

Cantemos também os frescos lençóis e as colchas brancas,
estes campos de malmequeres engomados
onde o sono nem sonha.

Cantemos os flocos das cortinas,
as nuvens que adornam o céu de nácar,
as dálias com seus colares de orvalho,
e os mármores da porta, onde um raio de sol inscreve o dia.

Cantemos, cantemos estes ladrilhos cintilantes,
e o claro esmalte por onde escorrem, tumultuosos,
matinais jorros de água, de precipitada espuma.

Cantemos a faiança lisa, os guardanapos ofuscantes,
e o perfumado arroz-doce, e o leite, e a nata, e o sal e o açúcar,
e os punhos de Edite, lustrosos e duros como a louça,

e seus dez dedos paralelos com umas belas unhas nítidas,
que encrustam de cada lado da espelhante bandeja cromada
cinco finas, tênues, alvas luas crescentes.

Jornal, longe

Que faremos destes jornais, com telegramas, notícias,
anúncios, fotografias, opiniões...?

Caem as folhas secas sobre os longos relatos de guerra:
e o sol empalidece suas letras infinitas.

Que faremos destes jornais, longe do mundo e dos homens?
Este recado de loucura perde o sentido entre a terra e o céu.

De dia, lemos na flor que nasce e na abelha que voa;
de noite, nas grandes estrelas, e no aroma do campo serenado.

Aqui, toda a vizinhança proclama convicta:
"Os jornais servem para fazer embrulhos".

E é uma das raras vezes em que todos estão de acordo.

Elegia
1933-1937

À memória de
Jacintha Garcia Benevides,
minha Avó

*... le sang de nos ancêtres qui forme avec le nôtre cette chose
sans équivalence qui d'ailleurs ne se répétera pas...*

R. M. Rilke, *Lettres à un jeune poète*

1

Minha primeira lágrima caiu dentro dos teus olhos.
Tive medo de a enxugar: para não saberes que havia caído.

No dia seguinte, estavas imóvel, na tua forma definitiva,
modelada pela noite, pelas estrelas, pelas minhas mãos.

Exalava-se de ti o mesmo frio do orvalho; a mesma claridade da lua.

Vi aquele dia levantar-se inutilmente para as tuas pálpebras,
e a voz dos pássaros e a das águas correr,
– sem que a recolhessem teus ouvidos inertes.

Onde ficou teu outro corpo? Na parede? Nos móveis? No teto?

Inclinei-me sobre o teu rosto, absoluta, como um espelho.
E tristemente te procurava.

Mas também isso foi inútil, como tudo mais.

2

Neste mês, as cigarras cantam
e os trovões caminham por cima da terra,
agarrados ao sol.
Neste mês, ao cair da tarde, a chuva corre pelas montanhas,
e depois a noite é mais clara,
e o canto dos grilos faz palpitar o cheiro molhado do chão.

Mas tudo é inútil,
porque os teus ouvidos estão secos como conchas vazias,
e a tua narina imóvel
não recebe mais notícia
do mundo que circula no vento.

Neste mês, sobre as frutas maduras cai o beijo áspero das vespas...
– e o arrulho dos pássaros encrespa a sombra,
como água que borbulha.

Neste mês, abrem-se cravos de perfume profundo e obscuro;
a areia queima, branca e seca,
junto ao mar lampejante:
de cada fronte desce uma lágrima de calor.

Mas tudo é inútil,
porque estás encostada à terra fresca,
e os teus olhos não buscam mais lugares
nesta paisagem luminosa,
e as tuas mãos não se arredondam já
para a colheita nem para a carícia.

Neste mês, começa o ano, de novo,
e eu queria abraçar-te.
Mas tudo é inútil:
eu e tu sabemos que é inútil que o ano comece.

3

Minha tristeza é não poder mostrar-te as nuvens brancas,
e as flores novas, como aroma em brasa,
com suas coroas crepitantes de abelhas.

Teus olhos sorririam,
agradecendo a Deus o céu e a terra:
eu sentiria teu coração feliz
como um campo onde choveu.

Minha tristeza é não poder acompanhar contigo
o desenho das pombas voantes,
o destino dos trens pelas montanhas,
e o brilho tênue de cada estrela
brotando à margem do crepúsculo.

Tomarias o luar nas tuas mãos,
fortes e simples como as pedras,
e dirias apenas: "Como vem tão clarinho!"

E nesse luar das tuas mãos se banharia a minha vida,
sem perturbar sua claridade,
mas também sem diminuir minha tristeza.

4

Escuto a chuva batendo nas folhas, pingo a pingo.
Mas há um caminho de sol entre as nuvens escuras.
E as cigarras sobre as resinas continuam cantando.

Tu percorrerias o céu com teus olhos nevoentos,
e calcularias o sol de amanhã,
e a sorte oculta de cada planta.

E amanhã descerias toda coberta de branco,
brilharias à luz como o sal e a cânfora,
mirarias os cravos, contentes com a chuva noturna,
tomarias na mão os frutos do limoeiro, tão verdes,
e entre o veludo da vinha, verias armar-se o cristal dos bagos.

E olharias o sol subindo ao céu com asas de fogo.
Tuas mãos e a terra secariam bruscamente.
Em teu rosto, como no chão,
haveria flores vermelhas abertas.

Dentro do teu coração, porém, estavam as fontes frescas,
sussurrando.
E os canteiros viam-te passar
como a nuvem mais branca do dia.

5

Um jardineiro desconhecido se ocupará da simetria
desse pequeno mundo em que estás.

Suas mãos vivas caminharão acima das tuas, em descanso,
das tuas que calculavam primaveras e outonos,
fechadas em sementes e escondidos na flor!

Tua voz sem corpo estará comandando,
entre terra e água,
o aconchego das raízes tenras,
a ordenação das pétalas nascentes.

À margem desta pedra que te cerca,
o rosto das flores inclinará sua narrativa:
história dos grandes luares,
crescimento e morte dos campos,
giros e músicas de pássaros,
arabescos de libélulas roxas e verdes.
Conversareis longamente,
em vossa linguagem inviolável.

Os anjos de mármore ficarão para sempre ouvindo:
que eles também falam em silêncio.

Mas a mim – se te chamar, se chorar – não me ouvirás,
por mais perto que venha, não sou mais que uma sombra
caminhando em redor de uma fortaleza.

Queria deixar-te aqui as imagens do mundo que amaste:
o mar com seus peixes e suas barcas;
os pomares com cestos derramados de frutos;
os jardins de malva e trevo, com seus perfumes brancos e vermelhos.

E aquela estrela maior, que a noite levava na mão direita.
E o sorriso de uma alegria que eu não tive,
mas te dava.

6

Tudo cabe aqui dentro:
vejo tua casa, tuas quintas de fruta,
as mulas deixando descarregarem seirões repletos,
e os cães de nomes antigos
ladrando majestosamente
para a noite aproximada.

Range a atafona sobre uma cantiga arcaica:
e os fusos ainda vão enrolando o fio
para a camisa, para a toalha, para o lençol.

Nesse fio vai o campo onde o vento saltou.
Vai o campo onde a noite deixou seu sono orvalhado.
Vai o sol com suas vestimentas de ouro
cavalgando esse imenso gavião do céu.

Tudo cabe aqui dentro:
teu corpo era um espelho pensante do universo.
E olhavas para essa imagem, clarividente e comovida.

Foi do barro das flores, o teu rosto terreno,
e uns liquens de noite sem luzes
se enrolaram em tua cabeça de deusa rústica.

Mas puseram-te numa praia de onde os barcos saíam
para perderem-se.
Então, teus braços se abriram,
querendo levar-te mais longe:
porque eras a que salvava.
E ficaste com um pouco de asas.

Teus olhos, porém, mediram a flutuação do caminho.
Por isso, tua testa se vincou de alto a baixo,
e tuas pálpebras meigas
se cobriram de cinza.

7

O Crepúsculo é este sossego do céu
com suas nuvens paralelas
e uma última cor penetrando nas árvores
até os pássaros.

É esta curva dos pombos, rente aos telhados,
este cantar de galos e rolas, muito longe;
e, mais longe, o abrolhar de estrelas brancas,
ainda sem luz.

Mas não era só isto, o crepúsculo:
faltam os teus dois braços numa janela, sobre flores,
e em tuas mãos o teu rosto,
aprendendo com as nuvens a sorte das transformações.

Faltam teus olhos com ilhas, mares, viagens, povos,
tua boca, onde a passagem da vida
tinha deixado uma doçura triste,
que dispensava palavras.

Ah, falta o silêncio que estava entre nós,
e olhava a tarde, também.

Nele vivia o teu amor por mim,
obrigatório e secreto.
Igual à face da Natureza:
evidente, e sem definição.

Tudo em ti era uma ausência que se demorava:
uma despedida pronta a cumprir-se.

Sentindo-o, cobria minhas lágrimas com um riso doido.
Agora, tenho medo que não visses
o que havia por detrás dele.

Aqui está meu rosto verdadeiro,
defronte do crepúsculo que não alcançaste.
Abre o túmulo, e olha-me:
dize-me qual de nós morreu mais.

8

Hoje! Hoje de sol e bruma,
com este silencioso calor sobre as pedras e as folhas!

Hoje! Sem cigarras nem pássaros.
Gravemente. Altamente.
Com flores abafadas pelo caminho,
entre essas máscaras de bronze e mármore
no eterno rosto da terra.

Hoje.

Quanto tempo passou entre a nossa mútua espera!
Tu, paciente e inutilizada,
contando as horas que te desfaziam.
Meus olhos repetindo essas tuas horas heroicas,
no brotar e morrer desta última primavera
que te enfeitou.

Oh, a montanha de terra que agora vão tirando do teu peito!

Alegra-te, que aqui estou,
fiel, neste encontro,
como se do modo antigo vivesses
ou pudesses, com a minha chegada, reviver.

Alegra-te, que já se desprendem as tábuas que te fecharam,
como se desprendeu o corpo
em que aprendeste longamente a sofrer.

E, como o áspero ruído da pá cessou neste instante,
ouve o amplo e difuso rumor da cidade em que continuo,
– tu, que resides no tempo, no tempo unânime!

Ouve-o e relembra
não as estampas humanas: mas as cores do céu e da terra,

o calor do sol,
a aceitação das nuvens,
o grato deslizar das águas dóceis.
Tudo o que amamos juntas.
Tudo em que me dispersarei como te dispersaste.
E mais esse perfume de eternidade,
intocável e secreto,
que o giro do universo não perturba.

Apenas, não podemos correr, agora,
uma para a outra.

Não sofras, por não te poderes levantar
do abismo em que te reclinas:
não sofras, também,
se um pouco de choro se debruça nos meus olhos,
procurando-te.

Não te importes que escute cair,
no zinco desta humilde caixa,
teu crânio, tuas vértebras,
teus ossos todos, um por um...

Pés que caminhavam comigo,
mãos que me iam levando,
peito do antigo sono,
cabeça do olhar e do sorriso...

Não te importes. Não te importes...

Na verdade, tu vens como eu te queria inventar:
e de braço dado desceremos por entre pedras e flores.
Posso levar-te ao colo, também,
pois na verdade estás mais leve que uma criança.

– Tanta terra deixaste porém sobre o meu peito!
irás dizendo, sem queixa,
apenas como recordação.

E eu, como recordação, te direi:
– Pesaria tanto quanto o coração que tiveste,
o coração que herdei?

Ah, mas que palavras podem os vivos dizer aos mortos?

***

E hoje era o teu dia de festa!
Meu presente é buscar-te.
Não para vires comigo:
para te encontrares com os que, antes de mim,
vieste buscar, outrora.
Com menos palavras, apenas.
Com o mesmo número de lágrimas.
Foi lição tua chorar pouco,
para sofrer mais.

Aprendi-a demasiadamente.

Aqui estamos, hoje.
Com este dia grave, de sol velado.
De calor silencioso.
Todas as estátuas ardendo.
As folhas, sem um tremor.

Não tens fala, nem movimento nem corpo.
E eu te reconheço.

Ah, mas a mim, a mim,
quem sabe se me poderás reconhecer!

Cronologia

1901

A 7 de novembro, nasce Cecília Benevides de Carvalho Meirelles, no Rio de Janeiro. Seus pais, Carlos Alberto de Carvalho Meirelles (falecido três meses antes do nascimento da filha) e Mathilde Benevides. Dos quatro filhos do casal, apenas Cecília sobrevive.

1904

Com a morte da mãe, passa a ser criada pela avó materna, Jacintha Garcia Benevides.

1910

Conclui com distinção o curso primário na Escola Estácio de Sá.

1912

Conclui com distinção o curso médio na Escola Estácio de Sá, premiada com medalha de ouro recebida no ano seguinte das mãos de Olavo Bilac, então inspetor escolar do Distrito Federal.

1917

Formada pela Escola Normal (Instituto de Educação), começa a exercer o magistério primário em escolas oficiais do Distrito. Estuda línguas e em seguida ingressa no Conservatório de Música.

1919

Publica o primeiro livro, *Espectros*.

1922

Casa-se com o artista plástico português Fernando Correia Dias.

1923

Publica *Nunca mais... e Poema dos poemas*. Nasce sua filha Maria Elvira.

1924

Publica o livro didático *Criança meu amor...* Nasce sua filha Maria Mathilde.

1925

Publica *Baladas para El-Rei*. Nasce sua filha Maria Fernanda.

1927

Aproxima-se do grupo modernista que se congrega em torno da revista *Festa*.

1929

Publica a tese *O espírito vitorioso*. Começa a escrever crônicas para *O Jornal*, do Rio de Janeiro.

1930

Publica o ensaio *Saudação à menina de Portugal*. Participa ativamente do movimento de reformas do ensino e dirige, no *Diário de Notícias*, página diária dedicada a assuntos de educação (até 1933).

1934

Publica o livro *Leituras infantis*, resultado de uma pesquisa pedagógica. Cria uma biblioteca (pioneira no país) especializada em literatura infantil, no antigo Pavilhão Mourisco, na praia de Botafogo. Viaja a Portugal, onde faz conferências nas Universidades de Lisboa e Coimbra.

1935

Publica em Portugal os ensaios *Notícia da poesia brasileira* e *Batuque, samba e macumba*.

Morre Fernando Correia Dias.

1936

Nomeada professora de literatura luso-brasileira e mais tarde técnica e crítica literária da recém-criada Universidade do Distrito Federal, na qual permanece até 1938.

1937

Publica o livro infantojuvenil *A festa das letras*, em parceria com Josué de Castro.

1938

Publica o livro didático *Rute e Alberto resolveram ser turistas*. Conquista o prêmio Olavo Bilac de poesia da Academia Brasileira de Letras com o inédito *Viagem*.

1939

Em Lisboa, publica *Viagem*, quando adota o sobrenome literário Meireles, sem o *l* dobrado.

1940

Leciona Literatura e Cultura Brasileiras na Universidade do Texas, Estados Unidos. Profere no México conferências sobre literatura, folclore e educação.

Casa-se com o agrônomo Heitor Vinicius da Silveira Grillo.

1941

Começa a escrever crônicas para *A Manhã*, do Rio de Janeiro. Dirige a revista *Travel in Brazil*, do Departamento de Imprensa e Propaganda.

1942

Publica *Vaga música*.

1944

Publica a antologia *Poetas novos de Portugal*. Viaja para o Uruguai e para a Argentina. Começa a escrever crônicas para a *Folha Carioca* e o *Correio Paulistano*.

1945

Publica *Mar absoluto e outros poemas* e, em Boston, o livro didático *Rute e Alberto*.

1947

Publica em Montevidéu *Antologia poética (1923-1945)*.

1948

Publica em Portugal *Evocação lírica de Lisboa*. Passa a colaborar com a Comissão Nacional do Folclore.

1949

Publica *Retrato natural* e a biografia *Rui: pequena história de uma grande vida*. Começa a escrever crônicas para a *Folha da Manhã*, de São Paulo.

1951

Publica *Amor em Leonoreta*, em edição fora de comércio, e o livro de ensaios *Problemas da literatura infantil*.

Secretaria o Primeiro Congresso Nacional de Folclore.

1952

Publica *Doze noturnos da Holanda & O Aeronauta* e o ensaio "Artes populares" no volume em coautoria *As artes plásticas no Brasil*. Recebe o Grau de Oficial da Ordem do Mérito, no Chile.

1953

Publica *Romanceiro da Inconfidência* e, em Haia, *Poèmes*. Começa a escrever para o suplemento literário do *Diário de Notícias*, do Rio de Janeiro, e para *O Estado de S. Paulo*.

1953-1954

Viaja para a Europa, Açores, Goa e Índia, onde recebe o título de Doutora *Honoris Causa* da Universidade de Delhi.

1955

Publica *Pequeno oratório de Santa Clara, Pistoia, cemitério militar brasileiro* e *Espelho cego*, em edições fora de comércio, e, em Portugal, o ensaio *Panorama folclórico dos Açores: especialmente da Ilha de S. Miguel*.

1956

Publica *Canções* e *Giroflê, giroflá*.

1957

Publica *Romance de Santa Cecília* e *A rosa*, em edições fora de comércio, e o ensaio *A Bíblia na poesia brasileira*. Viaja para Porto Rico.

1958

Publica *Obra poética* (poesia reunida). Viaja para Israel, Grécia e Itália.

1959

Publica *Eternidade de Israel*.

1960

Publica *Metal rosicler*.

1961

Publica *Poemas escritos na Índia* e, em Nova Delhi, *Tagore and Brazil*.
Começa a escrever crônicas para o programa *Quadrante*, da Rádio Ministério da Educação e Cultura.

1962

Publica a antologia *Poesia de Israel*.

1963

Publica *Solombra* e *Antologia poética*. Começa a escrever crônicas para o programa *Vozes da cidade*, da Rádio Roquette-Pinto, e para a *Folha de S.Paulo*.

1964

Publica o livro infantojuvenil *Ou isto ou aquilo*, com ilustrações de Maria Bonomi, e o livro de crônicas *Escolha o seu sonho*.

Falece a 9 de novembro, no Rio de Janeiro.

1965

Conquista, postumamente, o Prêmio Machado de Assis da Academia Brasileira de Letras, pelo conjunto de sua obra.

Bibliografia básica sobre Cecília Meireles

ANDRADE, Mário de. Cecília e a poesia. In: _____. *O empalhador de passarinho*. São Paulo: Martins, [1946].

_____. Viagem. In: _____. *O empalhador de passarinho*. São Paulo: Martins, [1946].

AZEVEDO FILHO, Leodegário A. de (Org.). Cecília Meireles. In: _____. (Org.). *Poetas do modernismo*: antologia crítica. Brasília: Instituto Nacional do Livro, 1972. v. 4.

_____. *Poesia e estilo de Cecília Meireles*: a pastora de nuvens. Rio de Janeiro: José Olympio, 1970.

_____. *Três poetas de* Festa: Tasso, Murillo e Cecília. Rio de Janeiro: Padrão, 1980.

BANDEIRA, Manuel. *Apresentação da poesia brasileira*. São Paulo: Cosac Naify, 2009.

BERABA, Ana Luiza. *América aracnídea*: teias culturais interamericanas. Rio de Janeiro: Civilização Brasileira, 2008.

BLOCH, Pedro. Cecília Meireles. *Entrevista*: vida, pensamento e obra de grandes vultos da cultura brasileira. Rio de Janeiro: Bloch, 1989.

BONAPACE, Adolphina Portella. *O Romanceiro da Inconfidência*: meditação sobre o destino do homem. Rio de Janeiro: Livraria São José, 1974.

BOSI, Alfredo. Em torno da poesia de Cecília Meireles. In: _____. *Céu, inferno*: ensaios de crítica literária e ideológica. São Paulo: Duas Cidades/Editora 34, 2003.

BRITO, Mário da Silva. Cecília Meireles. In: _____. *Poesia do Modernismo*. Rio de Janeiro: Civilização Brasileira, 1968.

CACCESE, Neusa Pinsard. *Festa*: contribuição para o estudo do Modernismo. São Paulo: Instituto de Estudos Brasileiros, 1971.

CANDIDO, Antonio; CASTELLO, José Aderaldo (Orgs.). Cecília Meireles. *Presença da literatura brasileira 3*: Modernismo. 2. ed. São Paulo: Difusão Europeia do Livro, 1967.

CARPEAUX, Otto Maria. Poesia intemporal. In: _____. *Ensaios reunidos*: 1942-1978. Rio de Janeiro: UniverCidade/Topbooks, 1999.

CASTELLO, José Aderaldo. O Grupo *Festa*. In: _____. *A literatura brasileira*: origens e unidade. São Paulo: EDUSP, 1999. v. 2.

CASTRO, Marcos de. Bandeira, Drummond, Cecília, os contemporâneos. In: _____. *Caminho para a leitura*. Rio de Janeiro: Record, 2005.

CAVALIERI, Ruth Villela. *Cecília Meireles*: o ser e o tempo na imagem refletida. Rio de Janeiro: Achiamé, 1984.

COELHO, Nelly Novaes. Cecília Meireles. In: _____. *Dicionário crítico da literatura infantil e juvenil brasileira*. São Paulo: Nacional, 2006.

_____. Cecília Meireles. In: _____. *Dicionário crítico de escritoras brasileiras*: 1711-2001. São Paulo: Escrituras, 2002.

_____. O "eterno instante" na poesia de Cecília Meireles. In: _____. *Tempo, solidão e morte*. São Paulo: Conselho Estadual de Cultura/Comissão e Literatura, 1964.

_____. O eterno instante na poesia de Cecília Meireles. In: _____. *A literatura feminina no Brasil contemporâneo*. São Paulo: Siciliano, 1993.

CORREIA, Roberto Alvim. Cecília Meireles. In: _____. *Anteu e a crítica*: ensaios literários. Rio de Janeiro: José Olympio, 1948.

DAMASCENO, Darcy. *Cecília Meireles*: o mundo contemplado. Rio de Janeiro: Orfeu, 1967.

_____. *De Gregório a Cecília*. Organização de Antonio Carlos Secchin e Iracilda Damasceno. Rio de Janeiro: Galo Branco, 2007.

DANTAS, José Maria de Souza. *A consciência poética de uma viagem sem fim*: a poética de Cecília Meireles. Rio de Janeiro: Eu & Você, 1984.

FAUSTINO, Mário. O livro por dentro. In: _____. *De Anchieta aos concretos*. Organização de Maria Eugênia Boaventura. São Paulo: Companhia das Letras, 2003.

FONTELES, Graça Roriz. *Cecília Meireles*: lirismo e religiosidade. São Paulo: Scortecci, 2010.

GARCIA, Othon M. Exercício de numerologia poética: paridade numérica e geometria do sonho em um poema de Cecília Meireles. In: _____. *Esfinge clara e outros enigmas*: ensaios estilísticos. 2. ed. Rio de Janeiro: Topbooks, 1996.

GENS, Rosa (Org.). *Cecília Meireles*: o desenho da vida. Rio de Janeiro: Setor Cultural/Núcleo Interdisciplinar de Estudos da Mulher na Literatura/ UFRJ, 2002.

GOLDSTEIN, Norma Seltzer. *Roteiro de leitura*: *Romanceiro da Inconfidência* de Cecília Meireles. São Paulo: Ática, 1988.

GOUVÊA, Leila V. B. *Cecília em Portugal*: ensaio biográfico sobre a presença de Cecília Meireles na terra de Camões, Antero e Pessoa. São Paulo: Iluminuras, 2001.

_____. (Org.). *Ensaios sobre Cecília Meireles*. São Paulo: Humanitas/FAPESP, 2007.

_____. *Pensamento e "lirismo puro" na poesia de Cecília Meireles*. São Paulo: EDUSP, 2008.

GOUVEIA, Margarida Maia. *Cecília Meireles*: uma poética do "eterno instante". Lisboa: Imprensa Nacional/Casa da Moeda, 2002.

_____. *Vitorino Nemésio e Cecília Meireles*: a ilha ancestral. Porto: Fundação Engenheiro António de Almeida; Ponta Delgada. Casa dos Açores do Norte, 2001.

HANSEN, João Adolfo. Solombra *ou A sombra que cai sobre o eu*. São Paulo: Hedra, 2005.

LAMEGO, Valéria. *A farpa na lira*: Cecília Meireles na Revolução de 30. Rio de Janeiro: Record, 1996.

LINHARES, Temístocles. Revisão de Cecília Meireles. In: _____. *Diálogos sobre a poesia brasileira*. São Paulo: Melhoramentos, 1976.

LÔBO, Yolanda. *Cecília Meireles*. Recife: Massangana/Fundação Joaquim Nabuco, 2010.

MALEVAL, Maria do Amparo Tavares. Cecília Meireles. In: _____. *Poesia medieval no Brasil*. Rio de Janeiro: Ágora da Ilha, 2002.

MANNA, Lúcia Helena Sgaraglia. *Pelas trilhas do* Romanceiro da Inconfidência. Niterói: EdUFF, 1985.

MARTINS, Wilson. Lutas literárias (?). In: _____. *O ano literário*: 2002-2003. Rio de Janeiro: Topbooks, 2007.

MELLO, Ana Maria Lisboa de (Org.). *A poesia metafísica no Brasil*: percursos e modulações. Porto Alegre: Libretos, 2009.

_____. (Org.). *Cecília Meireles & Murilo Mendes (1901-2001)*. Porto Alegre: Uniprom, 2002.

_____; UTÉZA, Francis. *Oriente e ocidente na poesia de Cecília Meireles*. Porto Alegre: Libretos, 2006.

MILLIET, Sérgio. *Panorama da moderna poesia brasileira*. Rio de Janeiro: Ministério da Educação e Saúde/Serviço de Documentação, 1952.

MOISÉS, Massaud. Cecília Meireles. In: _____. *História da literatura brasileira*: Modernismo. São Paulo: Cultrix, 1989.

MONTEIRO, Adolfo Casais. Cecília Meireles. In: _____. *Figuras e problemas da literatura brasileira contemporânea*. São Paulo: Instituto de Estudos Brasileiros, 1972.

MORAES, Vinicius de. Suave amiga. In: _____. *Para uma menina com uma flor*. Rio de Janeiro: Editora do Autor, 1966.

MOREIRA, Maria Edinara Leão. *Estética e transcendência em* O estudante empírico, *de Cecília Meireles*. Passo Fundo: Editora da Universidade de Passo Fundo, 2007.

MURICY, Andrade. Cecília Meireles. In: _____. *A nova literatura brasileira*: crítica e antologia. Porto Alegre: Globo, 1936.

_____. Cecília Meireles. In: _____. *Panorama do movimento simbolista brasileiro*. 2. ed. Brasília: Conselho Federal de Cultura/Instituto Nacional do Livro, 1973. v. 2.

NEJAR, Carlos. Cecília Meireles: da fidência à Inconfidência Mineira, do *Metal rosicler* à *Solombra*. In: _____. *História da literatura brasileira*: da carta de Caminha aos contemporâneos. São Paulo: Leya, 2011.

NEMÉSIO, Vitorino. A poesia de Cecília Meireles. In: _____. *Conhecimento de poesia*. Salvador: Progresso, 1958.

NEVES, Margarida de Souza; LÔBO, Yolanda Lima; MIGNOT, Ana Chrystina Venancio (Orgs.). *Cecília Meireles*: a poética da educação. Rio de Janeiro: Pontifícia Universidade Católica; São Paulo: Loyola, 2001.

OLIVEIRA, Ana Maria Domingues de. *Estudo crítico da bibliografia sobre Cecília Meireles*. São Paulo: Humanitas/USP, 2001.

PAES, José Paulo. Poesia nas alturas. In: _____. *Os perigos da poesia e outros ensaios*. Rio de Janeiro: Topbooks, 1997.

PARAENSE, Sílvia. *Cecília Meireles:* mito e poesia. Santa Maria: UFSM, 1999.

PEREZ, Renard. Cecília Meireles. In: _____. *Escritores brasileiros contemporâneos – 2ª série*: 22 biografias, seguidas de antologia. 2. ed. revista e atualizada. Rio de Janeiro: Civilização Brasileira, 1971.

PICCHIO, Luciana Stegagno. A poesia atemporal de Cecília Meireles, "pastora das nuvens". In: _____. *História da literatura brasileira*. Rio de Janeiro: Nova Aguilar, 1997.

PÓLVORA, Hélio. Caminhos da poesia: Cecília. In: _____. *Graciliano, Machado, Drummond & outros*. Rio de Janeiro: Francisco Alves, 1975.

RAMOS, Péricles Eugênio da Silva. *Solombra*. In: _____. *Do Barroco ao Modernismo*: estudos de poesia brasileira. 2. ed. revista e aumentada. Rio de Janeiro: Livros Técnicos e Científicos, 1979.

RICARDO, Cassiano. *A Academia e a poesia moderna*. São Paulo: Revista dos Tribunais, 1939.

RÓNAI, Paulo. O conceito de beleza em *Mar absoluto*. In: _____. *Encontros com o Brasil*. 2. ed. Rio de Janeiro: Batel, 2009.

_____. Uma impressão sobre a poesia de Cecília Meireles. In: _____. *Encontros com o Brasil*. 2. ed. Rio de Janeiro: Batel, 2009.

SADLIER, Darlene J. *Cecília Meireles & João Alphonsus*. Brasília: André Quicé, 1984.

_____. *Imagery and Theme in the Poetry of Cecília Meireles*: a study of *Mar absoluto*. Madrid: José Porrúa Turanzas, 1983.

SECCHIN, Antonio Carlos. Cecília: a incessante canção. In: _____. *Escritos sobre poesia & alguma ficção*. Rio de Janeiro: EdUERJ, 2003.

_____. Cecília Meireles e os *Poemas escritos na Índia*. In: _____. *Memórias de um leitor de poesia & outros ensaios*. Rio de Janeiro: Topbooks/ Academia Brasileira de Letras, 2010.

_____. O enigma Cecília Meireles. In: _____. *Memórias de um leitor de poesia & outros ensaios*. Rio de Janeiro: Topbooks/Academia Brasileira de Letras, 2010.

SIMÕES, João Gaspar. Cecília Meireles: *Metal rosicler*. In: _____. *Crítica II:* poetas contemporâneos (1946-1961). Lisboa: Delfos, s.d.

VERISSIMO, Erico. Entre Deus e os oprimidos. In: _____. *Breve história da literatura brasileira*. São Paulo: Globo, 1995.

VILLAÇA, Antonio Carlos. Cecília Meireles: a eternidade entre os dedos. In: _____. *Tema e voltas*. Rio de Janeiro: Hachette, 1975.

YUNES, Eliana; BINGEMER, Maria Clara L. (Orgs.). *Murilo, Cecília e Drummond*: 100 anos com Deus na poesia brasileira. Rio de Janeiro: Pontifícia Universidade Católica; São Paulo: Loyola, 2004.

ZAGURY, Eliane. *Cecília Meireles*. Petrópolis: Vozes, 1973.

Índice de primeiros versos

A cana agreste ou a harpa de ouro   60
A estrela que nasceu trouxe um presságio triste;   35
A menina quer brincar com a estátua da fonte,   163
À suave morta, que dizem os figurinos abertos   65
A tarde encontrou-me aqui, entre tentativas perdidas.   119
A vida vai depressa e devagar.   74
Ah, o tempo inteiro   67
As espumas desmanchadas   146
As palavras aí estão, uma por uma: 88
Antes do teu olhar, não era,   126
Armem a rede entre as estrelas,   112
Barqueiro do Douro,   113
Brumoso navio   27
Cansei-me de anunciar teu nome   149
Cantemos Edite, a muito loura, branca e azul,   169
Cantemos também os frescos lençóis e as colchas brancas,   170
Caramujo do mar, caramujo,   55
Caronte, juntos agora remaremos: 93
Com que doçura esta brisa penteia   36
Como caíram tantas águas,   158
Como num sonho   43
Como posso ficar nesta casa perdida,   59
Contigo, Antonio, Antonio Machado,   72
Creio que o morto ainda tinha chorado, depois da morte: 110
Deixai-me nascer de novo,   19
Deslizamos tão fluidos, vagamente,   75
Diana, teu passo esteve   106
Divide-se a noite, para que me apareças   123
Dorme, que eu penso.   141
E em redor da mesa, nós, viventes,   144
É preciso que exista, enfim, uma hora clara,   96

Em praias de indiferença   133

Em redor do leão de pedra,   162

Em três altas ondas a fonte desata   122

Era das águas, vinha das águas: 76

Eras um homem grande, e pousavas como as estátuas.   120

Escuta o galope certeiro dos dias   79

Escuto a chuva batendo nas folhas, pingo a pingo.   178

Espadas frias, nítidas espadas,   40

Estas altas árvores   157

Este é o lenço de Marília,   51

Este pardal travesso   165

Estrela fria   97

Eu, sim. – Mas a estrela da tarde, que subia e descia o céu, cansada e
esquecida?   103

Foge por dentro da noite,   91

Foi desde sempre o mar.   23

Fui morena e magrinha como qualquer polinésia,   104

Hoje! Hoje de sol e bruma,   183

Hoje, que seja esta ou aquela,   116

Jardim da tarde divina,   107

Leva-me o tempo para a frente,   70

Leve é o pássaro: 95

– Leve o doce de chila! – dizia.   137

Madrugada na aldeia nevosa,   94

Mãos de coral dentro d'água,   139

Minha cantiga servia   128

Minha é a deserta solidão, clara e severa,   150

Minha primeira lágrima caiu dentro dos teus olhos.   175

Minha tristeza é não poder mostrar-te as nuvens brancas,   177

Moro no ventre da noite: 56

Na areia do Douro, orvalhada de ouro,   87

Não acuso. Nem perdoo.   28

– Não faz mal que a chuva caia!   114

Não me peças que cante,   73

Não sou a das águas vista   142

Não te acabarás, Evelyn.   69
Não te aflijas com a pétala que voa: 105
Não tenho nada com as pessoas,   57
Neste mês, as cigarras cantam   176
Nestes jardins – há vinte anos – andaram os nossos muitos passos,   66
No cedro e na rosa,   117
No meio do mundo faz frio,   31
No tapete chinês, há dois homens sorridentes   164
Nós merecemos a morte,   124
Nunca mais cantaremos   136
O amanhecer e o anoitecer   85
O aquário tem um bosque verde submerso,   167
O canto dos galos rodeia a madrugada   161
O cipreste inclina-se em fina reverência   156
O convalescente, diante do espelho,   89
O crepúsculo é este sossego do céu   181
O jardim é verde, encarnado e amarelo.   154
O meu parceiro joga com as bolas encarnadas: 166
Os dias felizes estão entre as árvores, como os pássaros: 153
Os presentes dos mortos   63
Ouvi cantar de tristeza,   54
Pastorzinho mexicano: 46
Pelo arco-íris tenho andado.   61
Por baixo dos largos fícus   62
Por mais que te celebre, não me escutas,   64
"Psiu! Psiu!" – dizem os pássaros de guarda.   160
Que faremos destes jornais, com telegramas, notícias,   171
Que tempo seria,   58
Quem sou eu, a que está nesta varanda,   50
Quem tivesse um amor, nesta noite de lua,   45
Quem toca piano sob a chuva,   159
Recobro espuma e nuvem   143
Se me contemplo,   32
Se Omar chegasse   84
Sede assim – qualquer coisa   39

Senhora da Várzea,   99

Sentei-me sem perguntas à beira da terra,   130

Seremos ainda românticos   86

Sobre o leito frio,   92

Solidão que outros miram com desprezo,   145

Sou entre flor e nuvem,   127

Sou moradora das areias,   68

Suas cores são as de outrora,   109

Tal qual me vês,   138

Também cantarei guaiado   134

Tangedoras de idades antigas,   115

Tanto é o sangue   125

Tão liso está meu coração,   71

Tão perto!   131

Tinha uma carne de malmequeres, fina e translúcida,   129

Trago os cabelos crespos de vento   90

Tranquila sombra   41

Transportam meus ombros secular compromisso.   37

Tua estirpe habitara alcândoras divinas.   83

Tudo cabe aqui dentro: 180

Um jardineiro desconhecido se ocupará da simetria   179

Veem-se passar seus dois pés,   81

Vejo-te em seda e nácar,   47

Vela teu rosto, formosa,   135

Vem ver o dia crescer entre o chão e o céu,   148

Venho de caminhar por estas ruas.   121

Vimos a lua nascer, na tarde clara.   78

Vinde todos, e contemplai-nos: 48

Vou cantar uma cantiga,   98

Conheça outros títulos de Cecília Meireles pela Global Editora

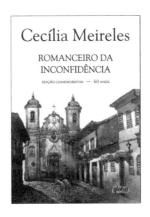

Romanceiro da Inconfidência

A literatura brasileira está repleta de obras em prosa romanceando acontecimentos históricos. Mas uma das mais brilhantes delas é, certamente, o *Romanceiro da Inconfidência*, iluminado pela poesia altíssima de Cecília Meireles. O poema (na verdade formado por vários poemas que também podem ser lidos isoladamente) recria os dias repletos de angústias e esperanças do final da década de 1780, em que um grupo de intelectuais mineiros sonhou se libertar do domínio colonial português, e o desastre que se abateu sobre as suas vidas e a de seus familiares.

Utilizando a técnica ibérica dos romances populares, a poeta recria com intensa beleza o cotidiano, os conflitos e os anseios daquele grupo de sonhadores. Diante dos olhos do leitor surgem as figuras de Tomás Antônio Gonzaga, Cláudio Manuel da Costa, e, se sobressaindo sobre todos, o perfil impressionista de Tiradentes, retratado como um Cristo revolucionário, tal a imagem que se modelou a partir do século XIX e se impôs até nossos dias.

Como observa Alberto da Costa e Silva no prefácio, "com a imaginação a adivinhar o que não se mostra claro ou não está nos documentos, Cecília Meireles recria poeticamente um pedaço de tempo e, ao lhe reescrever poeticamente a história, dá a uma conspiração revolucionária de poetas, num rincão montanhoso do Império português, a consistência do mito".

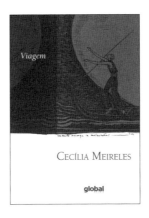

Viagem

Viagem representa um momento de ruptura e renovação na obra poética de Cecília Meireles. Até então, sua poesia ainda estava ligada ao neossimbolismo e a uma expressão mais conservadora. O novo livro trouxe a libertação, representando a plena conscientização da artista, que pôde a partir de então afirmar a sua voz personalíssima: "Um poeta é sempre irmão do vento e da água:/ deixa seu ritmo por onde passa", mesmo que esses locais de passagem existam apenas em sua mente.

Encontro consigo mesma, revelação e descoberta, sentimento de libertação, desvio pelas rotas dos sonhos, essa *Viagem* se consolida numa série de poemas de beleza intensa que, por vezes, tocam os limites da música abstrata.

> *Estou diante daquela porta*
> *que não sei mais se ainda existe...*
> *Estou longe e fora das horas,*
> *sem saber em que consiste*
> *nem o que vai nem o que volta...*
> *sem estar alegre nem triste.*

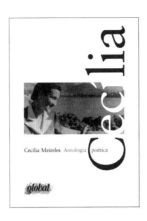

Antologia poética

Nesta *Antologia poética*, podemos apreciar passagens consagradas da encantadora rota lírica de Cecília Meireles. Escolhidos pela própria autora, os poemas aqui reunidos nos levam a vislumbrar diferentes fases de sua vasta obra. Pode-se dizer, sem sombra de dúvidas, que o livro é uma oportunidade ímpar para se ter uma límpida visão do primor de seus versos. Cecília, por meio de uma erudição invejável, cria composições com temas como amor e saudade, que se revestem de uma força tenazmente única.

Nesta seleção de sua obra poética, Cecília elenca versos de outros livros fundamentais, como *Viagem*, *Vaga música*, *Mar absoluto e outros poemas*, *Retrato natural*, *Amor em Leonoreta*, *Doze noturnos da Holanda*, *O Aeronauta*, *Pequeno oratório de Santa Clara*, *Canções*, *Metal rosicler* e *Poemas escritos na Índia*. Como não poderia deixar de ser, a antologia também traz excertos centrais de seu *Romanceiro da Inconfidência*, livro essencial da literatura brasileira.

De posse do roteiro seguro que é esta antologia de poemas de Cecília Meireles, o leitor apreciará as sensibilidades de uma das maiores timoneiras do verso em língua portuguesa.

Impresso por :

gráfica e editora

Tel.:11 2769-9056